記
國家級釀酒大師、
賴高淮
沈才洪
的傳奇人生

人生如酒，五味全在淡然中

| 人道·酒道 |

记国宝级酿酒大师赖高淮、沈才洪的传奇人生

杨辰 | 吉琴琴 | 牟雪莹◎著

CNS PUBLISHING & MEDIA
湖南文艺出版社 HUNAN LITERATURE AND ART PUBLISHING HOUSE
博集天卷 CS-BOOKY

图书在版编目（CIP）数据

人道·酒道：记国宝级酿酒大师赖高淮、沈才洪的传奇人生 / 杨辰，吉琴琴，牟雪莹著. — 长沙：湖南文艺出版社，2012.1
ISBN 978-7-5404-5230-8

Ⅰ. ①人… Ⅱ. ①杨… ②吉… ③牟… Ⅲ. ①赖高淮—传记②沈才洪—传记
Ⅳ. ① K826.16

中国版本图书馆 CIP 数据核字（2011）第 233306 号

上架建议：人物传记

人道·酒道：记国宝级酿酒大师赖高淮、沈才洪的传奇人生

著　　者： 杨　辰　吉琴琴　牟雪莹
出 版 人： 刘清华
责任编辑： 丁丽丹　刘诗哲
监　　制： 刘　丹
特约策划： 杨　辰　郑冰容
特约编辑： 吉琴琴　张　兵　黄海涛
装帧设计： 姚姚工作室　黄海涛
出版发行： 湖南文艺出版社
（长沙市雨花区东二环一段 508 号　邮编：410014）
网　　址： www.hnwy.net
印　　刷： 三河市华东印刷有限公司
开　　本： 787mm×1092mm　1/16
字　　数： 176 千
印　　张： 12.5
版　　次： 2012 年 1 月第 1 版
印　　次： 2020 年 9 月第 2 次印刷
书　　号： ISBN 978-7-5404-5230-8
定　　价： 32.00 元
（若有质量问题，请致电监督电话：010-84409925）

【国际酿酒大师、中国首批非物质文化遗产代表性传承人赖高淮】

【赖高淮正对白酒进行尝评】

【赖高淮参加白酒尝评测验】

【1984年9月12日，由赖高淮任教的泸州市曲酒厂第一期化验培训班结业留念】

【中国酿酒大师、中国首批非物质文化遗产代表性传承人沈才洪】

【沈才洪正对白酒进行尝评】

2006年，泸州老窖酒传统酿制技艺被颁布为首批国家级非物质文化遗产代表作，沈才洪作为技艺代表上台领奖。

【闲暇时，沈才洪喜欢练习书法】

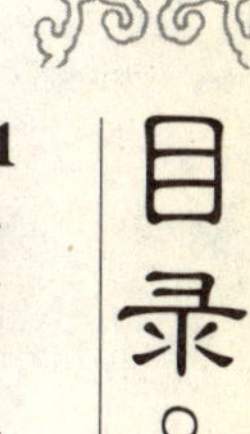

目录 CONTENTS

上篇·静水深流
——中国首批非物质文化遗产代表性传承人赖高淮

目录 CONTENTS

下篇·酒道，因了有你
——中国首批非物质文化遗产代表性传承人沈才洪

上篇·静水深流——中国首批非物质文化遗产代表性传承人赖高淮

前言

人生就像一杯酒

沈才洪

中华酒道，传承深远，酒文化与人类文明一样博大精深。自“古者仪狄作酒醪”，后“杜康作秫酒”；汉刘伶嗜酒，以德自颂；李白狂饮，斗酒诗百篇。近现代时期，酿酒大师秦含章、周恒刚等前辈更是为中国白酒的发展作出了卓越贡献。而川酒盛名，数千年酒城，泸州酒文化繁盛，元代制曲之父郭怀玉，明代的施敬章与开池建窖的舒承宗，还有把泸酒带出国门的温筱泉……从元代至于今，23代传承人完整的历史脉络使得泸州老窖天下闻名，在继承先辈古法的基础上，不断创新。而我作为泸州老窖酒传统酿制技艺第22代传承人，国家级非物质文化遗产传承人，感慨良多。

人生就像一杯酒，有的苦，有的烈，有的醇，有的甜。

每个人的人生经历，都像一次酿酒的过程。

就像喜欢品酒一样，我喜欢回味人生，在这个过程中品尝自己经历过的酸甜苦辣、成功与失败。

我曾经在日记里这样写道：“很久之后才知道：人生最美的不是梦幻将来，亦不在把握现在，而是在回首沉淀‘过去’的时间长河中，自己能时时体味的那份最珍贵最沉重的回忆。”

回首自己这些年走过的路，我一直认为自己不是一个很有天分的人，而是一个勤奋的人，执着的人，同时，也是一个幸运的人。

应该感谢年轻时经历的几次挫折，它让我深切地体会到了人生的不易，懂得了珍惜哪怕一丁点努力实现梦想的机会。

也就是这么几次挫折，让我年轻时期的人生之酒在品味起来，有了一丝醇香的味道。

感谢引领我进入酿酒之道的薛老，他带领我进入了一个我能痴迷于此、流连忘返的世界。也正是在这个世界里，我找到了我可以一生为之努力的方向，有了一生为之努力的梦想。

感谢泸州老窖，是这个在中国白酒界最具代表性的企业让我不断成长。我把个人在泸州老窖的成长比喻为从新酒到老酒的历练。去除新酒的燥辣味，在泸州老窖那深幽的藏酒洞中修炼，静候岁月的累积，方才醇正无比、回味无穷。

人生没有方向、没有梦想，就像一杯没有经过储存的酒，虽有阳刚之美，而非至醇至性至真。

所以，我是幸运的。

有人问，究竟是你推动自己的事业，还是你的事业推动着你前进?

我的感受是，是事业吸引着我去投入，在这个过程中，我和我的同事们在前进。就像远处的风景，吸引着我们翻过了一座又一座山。

感谢郑伯卿老师，是他为我打开了认识未知世界的大门。

感谢父亲、感谢每一个技师，以及现在跟我一起奋斗在酒道场的将士们，还有那些老领导、技术师傅前辈，我是站在他们的肩膀上前行的。是他们在我懵懂的时候，在我疲惫的时候，在我厌倦的时候，在我迷茫的时候，伸出手来给我力量，让我坚持着往前走。

其实，每个人的人生之酒都是自己亲手酿造、亲口品尝的，过程只有自己清楚，味道只有自己知道。

而人生这杯酒，就像中国白酒一样要继续酿下去，也许，再过一二十年，再来品味的时候，会有另外一番滋味。

也许，到此，有人会问我对中国白酒的理解是什么?

我想说：诗、书、画是灵动的视觉艺术，而中国白酒是流动的味觉艺术。

上篇·静水深流

——中国首批非物质文化遗产代表性传承人赖高淮

第一章 泸半天

1.

家业之始

赖家祖上的根不在泸州，而是与之相距140多公里的自贡。上世纪三十年代末，高淮的祖父在泸州做生意发家，买下大房大院把一大家子人从自贡迁过来，从此落地生根，开枝散叶，在泸州富过半边天，成为一大望族，当地人称“泸半天”。

赖高淮祖父的发家很有传奇味道。他原本出身穷苦，年纪很小就被送去杂货店做学徒。由于做事扎实稳重，杂货店老板很是赏识，就把他推荐给了当地的盐号做了一名盐工。

盐号是专门管理官盐运输的机构。经过官方注册的盐商们用小船把自己的盐运到盐号，过秤后给盐号相应的运费，委托盐号运输。盐号集中了盐商的盐巴，就从自贡用小船运到泸州，在泸州转大船，沿长江而下运到重庆、武汉、上海一带。祖父做事勤快、为人忠厚，又肯帮忙，和盐号里的伙计都处得好，不久就被提拔成管事。

30年代初，四川的两大军阀——刘文辉和刘湘——为了争夺对四川的最高统治权，引发了四川历史上最后一场军阀内战。1932年，刘文辉驻军泸州，9月，刘湘也将军队开往泸州，以“减除苛捐杂税兴安川军”为名，飞机、兵轮联手夹击，于十月上旬进攻泸州城。而刘文辉本是刘湘的堂叔，因年龄比刘湘还要小六岁，入世较晚，早年于仕途上很受过刘湘一些提拔。两叔侄一个驻在泸州城内，一个驻在泸州城外的小市，隔着一条沱江对打，正应了曹植的七步诗“本是同根生，相煎何太急”。

那时候沱江流经泸州的这一段没有造桥，但城内和城外要互通往来。于是人们想了个办法，把船横放，像曹操攻赤壁时操练水军一样，一艘一艘链起来，称作浮桥。中间的几艘船当闸门，在规定时间开放，来往船只只能在这段时间里通过，闸门一关，船就过不了了，必须等待下一次开闸。

有段时间仗打得特别厉害，闸门一直戒严，战火停了才会开放。祖父运盐的船队要从上游通过浮桥到下游进入长江，等了一天战火仍没有停息。这样下去，船队必定不能按时到达目的地。看着浓烟滚滚的江面，也不知道这场仗要打到什么时候。祖父等不及了，不顾船工的劝阻，自己划了只小船，摇着白旗，冒着枪林弹雨去和城区的刘文辉司令谈判了。

子弹不长眼睛，轰轰的炮声就响在耳边，祖父全靠运气得以平安靠近城区河岸。两个军官立刻上来捉住他，厉声问：“你是干什么的？”祖父说：“我是来谈判的，你们打仗已经打了一天了，我的船队过不了河，主顾都等着提货呢，你们能不能先停两个小时再开战？”

两方军队都自称正义之师，很重民心，祖父的要求虽然听来荒谬，还居然被军官们一层一层报了上去。两位总司令一协商，竟然同意了，于是立刻停战，开闸放船。由于太久没开闸，很多船只都在一旁等待，闸门一开，争先恐后地冲了过去。浮桥本来就不太稳固，闸门又小，被抢着过河的船只们一撞，链船的绳索断开，浮桥散了。祖父自然成为了这件事情的责任人，军官们认为他是在故意搞破坏，把他抓了起来，并让祖父的船队立刻联系船工来修理浮桥，一天修不好，就一天不让他出来。浮桥修了两天才修好，祖父因此也坐了两天牢。

这件事成为了祖父人生的一大转折——盐号的老板觉得他能在枪林弹雨中把

运输搞通，为了肩上的责任不惜摊上一条命，有胆量，有魄力，这一趟船跑完后立刻将他升为了总管。祖父的名声渐渐传开，加上他为人正直爽朗，在沱江上来来回回，很快便交了不少江上讨生活的好朋友。上到驻在沱江两岸的军官，下到江上撑船的渔夫，多多少少都和祖父有些交情。而这些朋友当中，属刘文辉军中一个杨姓旅长和祖父情谊最为深厚。两人常在一起喝酒听戏，漫谈时事，从家国天下到坊间趣闻，很是投缘。

1932年底，寒风凛冽，刘文辉、刘湘两叔侄这场仗终于打到了尽头。刘文辉战败，在川南彻底失去军事后盾，不得不率军撤离泸州。大军撤离的前一晚，杨旅长找到在城中歇脚的祖父，一半告别，一半托付家产。战败后不过一两天的工夫，原本魁梧的军官却憔悴得背都佝偻了，他强打起精神对祖父道："兵荒马乱的，这一走也不晓得什么时候才回得来，泸州的这些家产就托付给老弟你照看了，日子太平了我就回来，要是老哥哥再也回不来了，这些财产就留给老弟你儿子娶媳妇儿。"祖父拍了拍他的肩膀："不说触霉头的话，我帮你照看着这些财产，咱们立个字据，你随时回来，我随时还给你。"

杨旅长随大军离开泸州后，杳无音信。想不到一语成谶，两年后，有熟人从前线带回消息，说杨旅长早已经牺牲了。兵荒马乱的世道，两年来又杳无音信，祖父心中已有所猜测，但真正得知这个消息还是不胜唏嘘。他一夜未眠，天亮后立刻去附近寺院请了和尚来，给好友做了一场迟到的法事。

虽然杨旅长曾经说过，要是他回不来，这些家产就留给祖父的儿子们娶媳妇儿。可给儿子娶媳妇儿哪里要得了这样多的聘礼。祖父做了五年的盐号总管，已经在商场上积累了足够的人脉和手腕，他思前想后，辞掉了盐号总管的职务，开始自立门户。祖父是个天生的生意人，没几年，生意便越做越大，开了纱厂、纺织厂、榨油厂、酒厂，此后还开了钱庄。赖家正式在泸州立下声威，扎下根来。

但让人没想到的是，原以为战死前线的杨旅长却在解放后孤身一人回到了泸州，而此时祖父早已故去。赖家的后人们从前常听祖父讲起他和杨旅长的那段往事，当下便将杨旅长接到赖家大院，现任当家还专门封了一大包金银。年过古稀的杨旅长站在祖父坟前，洒了一杯酒，对当家道："我一个人，膝下无儿无女，这把年纪，也是半截身子埋在土里的人了，回泸州，也是想来探探我这个小老弟，没想到他比我还先走一步。我当年托付给他的钱财，都是些身外之物，你们也不用归还，不嫌我这个老头子碍事，就舍给我一间屋一口饭，让我在赖家好好养个老吧。”

杨旅长在赖家生活了五年，赖家人一直把他当做家人来奉养，五年后，杨旅长去世。而这五年，被称为“泸半天”的赖家也在泸州走过了最后的辉煌。

2.

父亲和母亲

赖高淮父亲这一辈有四个兄弟，父亲是老大。他出生时祖父还是杂货店的伙计，虽然每个月领一份工钱，能填饱一家人肚子，但日子终归过得紧巴。

祖母身体不大好，需要人照顾。但父亲七八岁时，祖父就去盐号当了盐工，一年大部分时间都在外跑船，很难得回家一趟。父亲是家中的老大，照顾祖母的重任自然落在他的肩上。尽管那时父亲年纪尚小，家里的事情倒也照看得妥帖。早早当家，在艰难环境中磨出了吃苦肯干的性子，以至于后来接手祖父的生意，也能把它做得风生水起。

父亲出生在晚清末年，上学时正赶上清朝垮台，孙中山先生建立民国。那是一个风起云涌的大时代，连街口纳凉的老太太都能唠叨两句时事。当时父亲念的学堂来了个年轻的先生，作风很洋派，还会开口说两句洋文，先生常教他们一些新思想。而那时，学堂里的孩子们也不再只念《百家姓》、《三字经》，课程丰富了许多，有国文、自然、算术，还有劳作。尽管此后时代变迁，世事难料，但幼时接受的开明教育对父亲一生影响甚深。

三十年代中期，祖父脱离盐号自己做生意，父亲便也跟着祖父，可谓商场上一档父子兵。祖父头脑灵活、路子也广，没几年赖家的产业便触及纺织、榨油、酿酒等各个领域。祖父开创了赖家的基业，可真正将赖家的产业由传统工业发展到金融领域的，却是父亲。

四十年代初，为了开拓更广泛的融资渠道，父亲一手开办了赖氏钱庄。父亲在经商方面颇有天赋，且思想开明，更容易接受商业上的新思潮。大约也正是这个原因，使他在全盘接手赖家的生意后，很快被泸州的商人们联合推选为泸州市商会会长。

父亲少时念书，信奉西汉大文学家刘向的一句话："书犹药也，善读之可以医愚"。后来他也一直认为中国若要发展，非教育不可，非大开学堂不可。但那时教育并未普及，泸州的学堂屈指可数，只有少数有钱人家的孩子缴得起学费。父亲崇奉教育救国，并不只是跟随潮流喊喊口号，不久便筹出一笔款项，在小市开办了一所小学，专门收小市镇上的贫穷孩子入学，并全部免费。学校的名字是父亲取的，叫做自强小学，意在"以已之力，自立自强"。

苦孩子们得到学习的机会，都很珍惜，自强小学办得很成功，这给了父亲很大的信心，后来又办了商业中学，有初中也有高中。自强小学的孩子们毕业后进入商业中学学习，毕业后大部分都能顺利在赖家开办的工厂中就业。

父亲的工作很繁忙，而高淮又在寄宿制学校念书，一个礼拜下来，只有星期天能够见上一面，爷俩关系似乎不是很亲。但父亲对于赖高淮的影响力却是深远的。他心中一直很尊重父亲，认为父亲是个有魄力、有责任心的人。父亲的民族责任感和开明思想，在某种程度上塑造了赖高淮最初的人格。

赖高淮的母亲出身于一般家庭，女校毕业之后就在自强小学教书，经媒人介绍和父亲结婚，是父亲的续弦。母亲温婉大方，受过西式教育，是一位新式女性，和父亲结婚后便辞掉了自强小学的工作，忙着帮助父亲打点生意。

到赖高淮这一代一共有八个兄弟姐妹，三男五女。他在家中排行老三，上面一个哥哥一个姐姐。经过两代人的打拼，到这一辈儿，赖家终于称得上是一个人丁兴旺的大家族了。

赖高淮出生在1934年的冬天，正是他父亲和祖父忙着开办事业的时候。待他长到两三岁，家里的生意已很有起色。父亲母亲因为常年不在家，无法照顾孩子们，便请了许多帮佣。

在小高淮的印象中，打记事起，家中就有十多个帮佣，一个严厉的总管、两个做得一手好饭菜的炊事员，还有好几个洗衣打扫的小丫头、老婆子。赖高淮和他兄弟姐妹的衣食住行全部由这些帮佣料理。

每天早上，后院里的公鸡刚打鸣报晓，就能听到小丫头们扫地打水时的轻声嬉笑，总管咳嗽两声，嬉笑声便没了，等总管的脚步远去，又是一阵嬉笑和低声的窃语。童年时代的每个早上，耳边都充盈着这样的声音，以至于他在参军离家之后，也时常想起。

家里的房子是和自家的盐号连在一起的（泸州市小市街以前的镇公所就是从前赖家的赖公馆）。前面一幢两层的楼房是赖家盐号——三十年代整个小市镇最高的建筑，非常气派。盐号的工人包括掌秤、做账的共有十多个人。盐号后面是一个大坝子，再后面还有一幢两层高的楼房，那就是赖家人住的地方。

坝子旁建了一个大厅，厅中请了家神，两边各摆两张八仙椅会客，吃饭也是在这个厅里。这里每天至少要开三桌席，主人一桌，盐号的工人和帮佣们各一桌。赖高淮小时候总以为别人家吃饭也跟自己家一样，几十个人坐好几桌。后来渐渐长大，才明白泸州的商人们没几个像自己家这样。别人家里，工人和帮佣是不能跟主人一起吃饭的。

赖家之所以如此，是因为祖父年轻时也是别人家的工人，同样有过这样的经历，自己开办工厂，自然比别的商人更体恤工人，这是祖父对工人们的情谊。

再后来，赖家的生意做得越来越大，手下的工人也越来越多，不可能全部招待，但赖家的客厅里仍然每天置办三桌酒席，轮流请老工人们和主人家一起用饭。也因为天天在一起吃饭，高淮从小就和工人们亲近，并不像别的富家子那样骄纵跋扈，对这一点，祖父和父亲都很欣慰。

3.

赖家的兄弟姐妹

高淮出生的时候，上面已经有一个哥哥一个姐姐。

哥哥大他四岁，姐姐大他两岁。从小学到初中，高淮都和哥哥上同一所学

校，不过总是他刚入学哥哥就毕业，两人能碰面的机会很少。姐姐倒是愿意带着高淮玩儿，可都是些女孩子的游戏，小高淮又不感兴趣。加上父母成天忙于事业，高淮就由外婆带着。外婆上了岁数，管教孩子并不严厉，一个人的时候，小高淮常常上房梁抓鸽子，爬树掏麻雀蛋，很是调皮。

轮到周末，哥哥从学校回来，也愿意带着高淮出去玩儿，但都是些大孩子的游戏。

有一次，哥哥带着高淮去游泳，就在小市镇的上码头。以前上码头是个汽车码头，靠近码头的水区很浅，且总是泊着许多船。一到夏天，孩子们都喜欢在这儿耍水。第一次来，赖高淮兴致勃勃地脱了衣服，跟着哥哥摸下水。刚开始还有些胆怯，只跟在哥哥身后。不一会儿就玩儿熟了，敢一个人在水里走来走去了。

但这边的浅水区其实并不安全，附近有个深坑，人要是不小心栽下去，就算是游泳的好手也要呛几口水。小高淮走着走着，一不留神正好掉进这个坑里，他又不会游泳，惊慌失措间只会挥舞两只细细的手臂。眼看着人就要沉下水了，周围的孩子们都吓坏了，哥哥也不会游泳，慌得直叫救命。幸好有个撑船的船老板正巧路过，一看有孩子溺水了，赶紧跳下水把孩子救了上来。小高淮呛了几口水，头昏昏沉沉的，哥哥吓得脸色苍白，他却丝毫不害怕，在岸上坐了一会儿就跟着哥哥回家了。这件事要是被父母知道了，肯定要挨揍，哥哥和高淮也就约定，谁也不说。

可那时赖家在泸州已很有名气，很多人都认识赖家这两个小少爷。救起高淮的船老板认出他是赖家二少，想要讨赏，当天傍晚就找到他家里来。父亲不在，船老板就找到赖家的总管，对总管说："你们家二少爷下午在码头溺水了，全靠我把他救起来，不然这条小命就被河神讨去了。"

赖家一向有善名，况且这回欠船老板的是个救命之恩，自然要涌泉相报，总管查明情况属实，便领着船老板去账房支了一大笔丰厚的赏钱。送走船老板后，总管心里很担心，却又不敢训斥这两位少爷。总算熬到第二天，父亲回来了，他赶紧将这事儿告诉了父亲。父亲一听，震怒非常，立刻让总管去把赖家两兄弟和当时一起耍水的孩子们全部叫到了正厅里。

父亲虽然威严，但并不常生气，高淮站在哥哥的旁边，看父亲铁青着脸坐在大堂上，心里一边害怕，一边抱怨总管多嘴多舌。出乎意料的是父亲并没有责罚他，只把他让在一边，然后请出家法，狠狠把哥哥打了一顿，边打边训斥："你居然把你亲兄弟带去耍水，还差点让他淹死，你这个哥哥是怎么当的。"

去游泳的七八个孩子当中，只有哥哥一个人挨了打。因为哥哥是这群孩子里年龄最大的，而且是他带的头。父亲说谁带头干的事儿，谁就要对这件事负全责。既然未经思考鲁莽行事，就要独自承受这件事带来的后果。这个用家法打出来的做人道理，成为一柄双刃剑，好的一面是让哥哥日后成为了一个顶天立地的负责任的男子汉，坏的一面则是让哥哥再也不愿下水了，并且那顿打之后，哥哥也不怎么带着高淮玩儿了。

哥哥的学习很好，后来考上了复旦大学，成为家里学历最高的知识分子，高淮一直很敬重这个哥哥。那个常拉着高淮踢毽子的姐姐，则在中学毕业后读了泸州师范。姐姐的成绩也很好。现在的师范学校好像很一般，但是在姐姐念书那会儿，泸州师范是公费学校，成绩稍微差一点的根本考不上。姐姐念完书之后便参军了，是随军干校。高淮的妹妹也走上了和姐姐一样的路，在念完军干校的卫生学校之后，立刻参军去做了随军护士。高淮和妹妹一起参的军。赖高淮这一辈共有八个兄弟姐妹，三个都做了军中儿女。

第二章 那些童年的事

躲飞机

作坊里的酒少爷

小学里的篮球梦

义气的代价

好友的皮鞋

1.

躲飞机

1937年卢沟桥事变后，抗日战争全面爆发。泸州是西南门户，在这场持续八年的战争中，饱受战火侵扰，光是日本鬼子的特大轰炸，就经历了好几次。炸弹从飞机上落下来，转眼间街道房舍就变成一片废墟，要是人正好在屋子里，后果更是不堪设想。在那个兵荒马乱的年代，整个泸州城人心惶惶。赖高淮关于这段时间的记忆，最深刻的就是躲飞机。

那时候，都是通过拉警报和挂灯笼来预告日本鬼子的轰炸。泸州城里的钟鼓楼拉一声警报，再在城外的五峰顶上挂三个黄灯笼，就表示日本人的飞机起飞了。由于城里的房子都矮，五峰顶上的黄灯笼因此十分醒目，大家都看得到。

日本人频繁轰炸泸州时，赖高淮不过三、四岁，小孩子跑不快，拉警报时都是被家里的佣人背着跑。有一次，大白天的时候，钟鼓楼警报突然拉响，以前并不怎么睡午觉的高淮却因为这天早上实在玩得太累，吃了午饭便自己爬到床上睡了，而且还睡得特别沉，什么都没听到。家里的佣人在大院各个角落找他都没找到，因为没想到他会回房午睡，结果竟然没人去房间看看。遍寻不到，众人以为他被别人抱着先躲了，也就跟着慌慌张张跑出去了。

好在这次轰炸只是小规模轰炸，没伤到赖家的大宅。周围炮声轰轰，小高淮却睡得十分香甜，直到这阵轰炸过了也没醒来。佣人们回来之后，发现二少爷居然一直待在屋子里睡午觉，一个个脸都吓得惨白。

当时，赖家有一个家族防空洞，就在城外西南边上五峰顶的赖家榨油厂。榨油厂有个天然的洞子，每次一来警报，赖家一大家子加上工人佣人们就全躲在那里。这个时期，除了跑防空洞躲飞机的，泸州人还自做“防空洞”。方法很简单，就是在大桌子上垫几床棉絮，然后人钻到桌子底下。如果炸弹正好丢在房子上，肯定就危险，但炸弹没丢到房子正上面，而是扔在旁边或什么地方，这个自做的“防空洞”还是很安全的。相较而言，真正跑防空洞的倒还死了不少。泸州现在位于市区内的凝光门在那个年代正好有一个城门防空洞，鬼子的飞机一来，附近的人就全躲到这个洞子里。但是日本人的飞机太狡猾了，有一次在两端的洞口各扔了好几颗炸弹，结果闷死了一洞的人。没经历过那个年代，当真不知道什么叫做人命如草芥！

有段时间日本人的飞机三天两头骚扰市区，外婆决定带着高淮去乡下躲一段时间。外婆正好有一个侄儿在郊外蓝田坝机场的对面开店子，和侄儿一联系上，赶紧带着高淮去了侄儿那里。

蓝田坝机场是抗战时期“驼峰路线”的重要后方基地，修建之初就是一个军用机场，里边架设了许多高炮。住在蓝田坝的这段日子里，高淮唯一的乐趣就是天天数飞机。外婆和侄儿都以为飞机场安设了很多反击设施，非常安全。但后来随着年龄渐长，他才知道飞机场的战略地位至关重要，日本人最想炸的就是这里。到时候双方一开战，炮火纷飞，必定要殃及池鱼。

至今回忆起这件事，七十多岁的赖高淮还觉得后怕，本意是躲避危险，谁能想到却躲到了最危险的地方。

再后来，泸州被轰炸的次数太多了，外婆和老佣人们渐渐习惯，也经不起折腾，就不躲了，躲的都是那些年轻力壮跑得快的佣人和工人们。佣人们想把二少爷带走，但小高淮一定要跟着外婆。外婆亲自把他带大，他对外婆有着很深的感情。

2.

作坊里的酒少爷

赖家从祖父发家以来，产业一日比一日兴盛，纱厂、纺织厂、榨油厂、酒作坊，生意红红火火。哥哥姐姐念书之后，家里就只有赖高淮一个人还不到入学年龄。没人陪他玩儿，他就去厂里看工人做工。

起初，各个厂都能时不时看到高淮小小的身影，后来，就只能在酒作坊里看到他了。因为他觉得那些工人纺纱榨油，刚开始还新鲜，看多了也没什么意思，不比他爬树掏鸟蛋来得有趣，就渐渐不再去这些厂捣乱。可酒作坊不同，作坊里封好的窖池星罗棋布，耸出地面来，蹲下来就能将自己藏住，可以玩儿捉迷藏；窖泥能捏成圆泥球做弹弓的子弹，酿酒师傅们空闲了还能给他捏个飞机大炮什么的让他玩儿，这些窖泥又软又黏，带着糟香，做出来的泥飞机泥坦克着实有趣。

高淮经常跑去玩儿的赖家酒坊叫“同发生”。“同发生”里参差排列了许多窖池，空地上则堆满粮糟和谷壳，工人们唱着嘹亮的酒号子忙忙碌碌，小高淮就尾随着工人们在作坊里来回穿梭，一身绸袍绸褂被窖池的黄泥糊得脏兮兮的，千层底布鞋的鞋面也被烤出的原酒弄得透湿。每次从作坊回来，看着他从头到脚一身不像样的行头，管家都得叹叹气，遇到父亲在家的时候，少不了还得挨两句训斥。不过这丝毫阻止不了小高淮没事儿就跑酿酒作坊的兴致。

1940年的冬天，腊月初八一大早，赖家的十多号佣人、帮工正忙着挑水生火侍候主人起床。趁佣人倒洗脸水的工夫，内室里突然钻出来一个穿着厚棉衣的小身影，瞧着没人注意到他，蹑手蹑脚一路偷偷溜出内院，转眼就消失在红墙青瓦的赖家大院门后。小家伙正是五岁的赖高淮。

可还没等他转过院墙，便有一只手在后面搭着他的肩膀猛地一拍：“你去哪里？”

赖高淮吓了一跳，赶紧转过头来，发现是长自己一岁的堂姐，嗫嚅了好一会儿，才答道：“糟坊……”

堂姐虽从没去过家中的酿酒作坊，却也晓得那是大人们干活儿的地方，立刻嘲笑道：“糟坊有什么好玩的？”她的话让小高淮有些不服气，奶声奶气地反驳道：“糟坊可好玩了，比你们踢毽子听戏有意思得多，里面有一屋子东西，我保准你一个都叫不出来……”

一个六岁的小孩子，好奇心本就重，被这么一说更是心动，非缠着高淮，要他也带她去糟坊玩儿。

但糟坊是禁止女人入内的，小高淮虽然年龄还小，却也懂得这个忌讳，十分为难，可禁不住堂姐的软磨硬泡、威逼要挟，最后终于答应下来。并想出一个办法，让堂姐戴上他的皮帽，穿上他的外套，扮成个小男娃跟着他去糟坊。

屋外数九寒天，呵一口气能立刻变成白雾，糟坊里却像个大火炉，热得不行。工人们推着叽咕车、扛着云盘穿梭在窖池和甑桶之间，忙着起窖、拌粮、上甑、蒸糟、烤酒、出甑、摊晾、入窖，个个光着膀子赤着脚，只穿一条短裤，干得汗流浃背、热火朝天。赖高淮仗着自己轻车熟路，得意洋洋走在前面带路，可没料到堂姐一进糟坊，看到这么多裸着上身的陌生汉子，吓得“哇”一声就大哭起来。此时，高淮的二伯正在糟坊里监工，听到女娃的哭声，赶紧出来看。一看到吓得目瞪口呆的小高淮和他身后哇哇大哭的闺女，十分生气，立刻揪着他和堂姐回了家。

那时泸州城里大大小小有十多家酒作坊，每家糟坊都奉行禁止女人入内的祖制，即便是女眷们给自家男人送东西，也不能直接送进去，而是把东西放在糟坊门口，叫自己男人的名字，让他出来拿。自打祖宗定下这个规矩开始，泸州城的女子便自觉地遵守，即使像赖高淮的母亲这样有文化的新式女性，嫁到赖家这么多年，也从没踏进过自家糟坊的大门。可这次高淮却懵里懵懂将堂姐领了进去，无疑违了祖制，坏了祖宗的规矩，闯了天大的祸。

家里的长辈又震惊又生气，让佣人哄住哭得上气不接下气的小丫头，单把高淮一人罚在院子里跪着。天寒地冻的，小高淮饿着肚子跪在冷冰冰的院子里，耳朵脸颊冻得通红，委屈地看着一家人坐在暖烘烘的厅堂里，围着红木八仙桌喝腊八粥。不久父亲回来，得知事情的始末，这一次，一向严厉的父亲居然没有请出家法来狠狠教训他一顿，反而将他扶起来，整理整理他的小棉袄小皮帽，沉声道："跪了大半天，也算是罚过了，坏了规矩，自然该被罚，你也该记个教训，不过这也不是什么不能坏的规矩。真正不能坏的规矩，你把它坏了，就得出大事。比如酿酒，酿酒得一步一步来，有个过程，每个过程都有自己的规则，拌料拌多少，发酵发几天，取酒取哪个段，都坏不得的，坏了你这个酒就酿不好。今后做事情要多想想，这也是一个人生道理，你懂了么？"

父亲这番话高淮没听懂多少，对于父亲口中的人生道理也是懵懵懂懂，可却一直记得父亲以酿酒做比的这个例子。而六十年后，他成为一代酿酒大师，不知道当时这一件微末的小事，是不是冥冥中的注定。

3.

小学里的篮球梦

六岁的时候，赖高淮上了小学，这在当时来说算是读书读得早的了。他在自己家里开办的自强小学念书，自强小学是个公益小学，收的都是缴不起学费的苦孩子，高淮和这些孩子在一起，耳濡目染，性格也不像一般富家孩子那么骄气。

虽然收费低廉，但自强小学也是新式的正规学校，课程安排得很丰富，有语文、算术、自然、体育，还有劳作，等等。所有课程当中，他对数学最感兴趣。在赖高淮的小学时代，数学已经学到大括号小括号和减括号，这些加来减去变化无穷的算术题就像有无穷魔力的神奇游戏，让赖高淮很是沉迷。

当然，众多科目中，也有他不喜欢的，比如语文。对赖高淮来说，语文就是死记硬背，很没趣味。而且要背的东西总是特别多，因为年纪太小，往往不能明白所背的段落是什么意思，只能死记，于是常常刚背不久就忘了。

而高淮的姨妈那时正是自强小学的语文老师，虽然不教高淮那个班，但对这个侄儿却很严厉。小高淮一回家，姨妈就追着让他背书，背不了就要挨戒尺，使得他越来越不喜欢语文。过了一段时间，姨妈居然被调到了高淮的班级教课，让小高淮感到非常郁闷。姨妈每堂课都要点高淮的名，让他起来回答问题，而且是特别困难的问题，企图激发出孩子的求知欲，培养孩子对语文的兴趣。但回答不上这些问题，让小高淮感到懊恼的同时，也越来越讨厌上语文课了，并且每次上语文课都很紧张。后来姨妈看这个方法不仅没用，还适得其反，便再也不叫高淮起来回答困难的问题了，他至此才松一口气。

回忆小学时代的语文学习，唯一让赖高淮感兴趣的是儿歌部分，因为这些儿歌不仅朗朗上口，而且通俗易懂，就算小孩子也可以很好地理解。至今他仍记得一年级时学的一首儿歌："滴答滴，滴答滴，钟摆往来不停息，一分一秒走得急，光阴过去飞般快，转眼又是新天地。"

课余时间里，赖高淮最热爱的运动是游泳和篮球，直到77岁高龄，还一直坚持打球游泳。这两个兴趣，都是在贪玩儿的小学时代培养起来的。那时正是四十年代，篮球还非常稀奇，泸州市都没得卖，整间自强小学也只有三四个，还是从省城里买来的，而且学校里只有一个篮球场，学生们只有上体育课时才能玩玩儿。平时也只能是高年级的同学在课间从老师那里把球借出来打，低年级的孩子借不到篮球，又占不到篮球场，于是就用废纸团成一个篮球大小的纸团来互相丢着玩儿。

就算这样，小高淮也觉得十分满足。从小和穷孩子们在一起，让赖高淮这个地地道道的富家子，培养出了一颗朴实且知足常乐的心。

4.

义气的代价

小学毕业后，赖高淮升上初中，和哥哥一样念的是江阳中学。解放以前，凡中学的学生都必须住校，只有每个周日能够回家一天。要想提前一天，在星期六回家，还必须请假，而且连请假都是有名额的，每个班最多三成的学生可以提前请假回家，管理得相当严格。赖高淮这年11岁，头一回尝试集体生活。可能因为从小就很少和父母在一起，不像其他同学那样恋家，适应得很好，每个周末回家一次，在总管处领取一周的生活费，星期天晚上再返回学校。此后的许多年，他一直是这样过集体生活。

江阳中学那时是泸州师资力量最好的学校，分初中和高中，课程设置也几乎和现在的中学一样，有语文、代数、几何、外语等，有些课程内容甚至更深一些。赖高淮在小学时数学就学得好，上了初中，更是如鱼得水。但其他科目就不行了，特别是语文。读到三年级，父亲分析他的学习成绩，考虑很久，决定让高淮以后走农业的路子，把他弄去搞农业。父亲的思想是“工业救国、教育救国、农业救国”，他认为从事农业研究是一件很有前途和意义的事情。当时泸州正好有所农校，相当于现在的中专，父亲当机立断，把正在读初三的赖高淮转到了这所学校。

农校要求非常严厉，课程也比较艰深，高淮因为只读了两年中学，而且在中学里成绩也一般，来到这所学校念书，无疑非常吃力，成绩跟不上，还因此降过一次班。但父亲认为对孩子的教育应该适当拔苗助长，尽管知道高淮念书念得很辛苦，也没有再将他转回江阳中学的打算。在农校里，高淮第一次接触到生物课和化学课，他对这两门课有着说不出的兴趣，不过也延续了小学和初中的状态，仍不喜欢语文课和外语课，偏科非常严重。

我们很难评判当初的一个选择是否正确，因为每个人只能看到选择做出之后延续到今天而成的结果。如果说当初父亲没有将他送到农校，今日的赖高淮又是什么样子，无人得知。农校里培养出的兴趣和学到的知识，奠定了赖高淮整个人生基调，为他今后走好酿酒这条路打下了坚实基础。这可以说是他的父亲帮他做出了人生中的第一次转折性选择。

渐渐地，高淮终于能够跟上班上同学的步伐，他一向活泼爱玩，能在一年多内将成绩赶上去，背地里也付出了大把的艰辛，课余时间都拿来学习和钻研了，几乎没怎么玩儿。这样除了学习还是学习的日子，和小学、初中那多姿多彩的校园生活相比，难免乏味。那时高淮的想法很直接：成绩快点上去吧，成绩上去了我就可以玩儿了。农校二年级时，赖高淮的成绩已经在班上比较靠前。就是在这一年，却发生了一件对他打击挺大的事儿。

1948年，解放战争的第三年，在这场战争的影响下，中国没有多少学校安然无恙，学问恍如隔世，学潮此起彼伏。泸州也在这一年爆发了一场大规模学潮，老师罢教学生罢课。但这件大事儿对十三四岁的孩子们来说，最大的意义却只有一个：学校不开课了。虽然这样，学校却并没有下达允许学生离校的文件。不上课又没有其他的事情，并且娱乐活动也很少，最容易找到的娱乐工具是扑克牌，同学们便纷纷打牌消遣。高淮虽然不热衷这个活动，但人人都知道赖家生意做得大，每个星期给他这个二公子的生活费也给得多，所以很多同学都来邀他打牌。高淮的性格很爽直，有人叫他，他也就跑去凑个分子，但大多是缺人的情况下做替补，也不常打。

有一天晚上，又有同学来找他打牌，说是恰好缺一个人，高淮也就跟着去了，等到了这个同学的寝室，却已经凑好了人。本来就没事做，离睡觉又还早，于是在旁边看他们打。正玩儿得起劲，久不来查夜的老师却突然出现，把他们逮了个正着。夜里黑，油灯底下也看不清人，几个同学一看老师来了，赶紧撂下牌桌跑了。几个人都跑得挺利索，唯有一个跑在最后面的同学被抓住。老师一看桌上的牌，立刻明白了他们是在打“大二”。扑克牌的这种玩儿法必须要三个人，老师让这个被抓到的同学必须再供出两个人来。同学胆子小，立刻供出另外两个学生。农校校规森严，明文规定了不能聚众赌博，虽在特殊时期也不例外，对这几个公然违反校规的学生，学校决定从严处置，杀鸡儆猴端正校风。被供出的两个学生里，有一个是三年级的，临近毕业，家里不太宽裕，全家都害怕他拿不到毕业证找不到工作。这个学生平时和高淮的关系不错，没有办法，就来找到他，哭诉了很久，希望高淮能帮他顶了这件事，以后一定加倍报答。高淮想了想，觉得师兄在住校时一直很照顾他，对自己很好，现在这样确实挺困难的，第二天便找到老师，挺身而出帮师兄顶了。为此，赖高淮遭到了记大过的处分。而且，没想到的是，二年级期末通知书上竟然留下了校长的亲自批注：“下期毋用来校”——他被开除了。

如果此时高淮说出真相，学校方面是会重新考虑的，但师兄还要好几天才能领到毕业证书，他这么一说，师兄肯定就没有办法领到毕业证了。十四岁的赖高淮想了很久，觉得自己的家庭有门路，师兄却有可能因为这件错事而前程尽毁，况且答应了别人的事怎么能反悔呢。面对父亲的责难和一棍一棍打下来的家法，赖高淮最终还是保持了沉默。

年少的一腔义气让他付出了昂贵的代价，但这也足见赖高淮为人的真诚可贵，这种真诚可贵伴随了他整个人生。此后，那位托他顶替自己错事的师兄一直很愧疚，并且一生感念他。

5.

好友的皮鞋

赖高淮念书时认识了许多朋友，遗憾的是大部分朋友如今已不在人世。至今还和他常互通往来的，是在农校里结识的杨必宏。

杨必宏家里是个小地主，年龄比高淮稍微小一点。他的父亲给他起名必宏，希望他将来能够宏图大展，但小时候，杨必宏却是邻里公认的调皮孩子，念书一直不好，着实看不出他未来能大展宏图。

杨必宏有个很奇特的习惯——每次从家里来学校，都要备两双鞋。一双皮鞋，一双草鞋。来学校的路上穿皮鞋，一到了学校就把皮鞋换下来，仔细擦干净收拾好，赶紧换上草鞋。他们家虽是地主家庭，却也不像电视里演的那么奢侈，他父亲一个季节只给他买一双皮鞋，即使穿坏了，也得等到下个季节再买，所以他对脚上的皮鞋一向非常珍惜。

赖杨二人的友谊是从篮球开始的。高淮从小喜欢打篮球，上了农校之后，除了学习之外，其余时间差不多全投在篮球上。对他来说，打篮球的意义不只在于娱乐或是强身健体，这小小一方篮球场就好比一个战场，每一场比赛都是男子汉们一决生死。他喜欢这种激情四射、勇猛拼闯的感觉。

农校有自己的球队，叫做流星球队。赖高淮自转到农校之后，便立刻加入了流星球队，杨必宏也在那时加入。两个人都是篮球队的新人，一起训练的过程中，难免更加亲热一些。而且杨必宏的篮球打得很好，这一点很让赖高淮欣赏，渐渐便产生了真挚的友谊。

高淮被农校开除时，杨必宏也念到二年级，但不和他同班。离开农校以后，父亲动用关系，将高淮转到了峨眉中学，即今天的泸州老窖天府中学读高中。高淮在天府中学读了半年高中，到了1949年，内战结束，国民党败走台湾，全国解放，新中国成立。解放后，泸州市各个学校里从前关于学生们的处分全部撤销，因解放前很多学生受处罚都是因为思想先进，为国民党当局所不能认同。趁着这个时机，赖高淮那一纸处分也随之被幸运地撤销，使他能够重新回到农校。高淮回到农校，最高兴的莫过于杨必宏，当天下午，两个人便拿着篮球到球场大汗淋漓打了一场，以此庆祝。这场两个人的比赛被赖高淮记在心里，这么多年从未被忘记。

此后，赖高淮参军时，两人也在一起，杨必宏考的炮兵，赖高淮考的坦克兵。在部队里，他们也曾想过组建一支篮球队，还叫流星球队，但终因部队调整频繁，两人很快分开，不在一个基地，这个想法也只好搁浅。

杨必宏转业后，在泸州也干出了一番事业，做过泸州房管局局长、川南房地产开发公司的总经理，一度在海南、北海等地将事业发展得很大。从十来岁的少年到七十多岁的老翁，六十年光阴飞逝，两人的友谊却一直持续到今天，这才是货真价实的老交情！

第三章 参军

1.

部队里的第一道坎

1950年6月，朝鲜战争爆发。同年10月，中国政府应朝鲜政府请求，派遣中国人民志愿军入朝参战，抗美援朝战争爆发。

这一年，16岁的高淮正好农校毕业，被分去了市里的农科所，走农业研究的路子。但谁也没想到的是，他竟然拒绝了学校的分配，报了中国人民解放军第三坦克学校的预科班。这是高淮一生中的第二次重要选择，年纪轻轻的他一个人默默拿定了这个主意，等家人发现时，事情基本上已成定局了。父亲和母亲都没有说什么，已在军中任随军干部的姐姐知道后，来信说："你有这样的思想，我很为你自豪。"

1951年7月，高淮考入第三坦克学校的预科班。因报考的是坦克兵，成绩虽然上了，但还要体检。坦克兵招生对于肺活量、体重、手的握力等都有严格的要求，很多同学因身体条件不合格而被刷掉，不过身体素质很好的赖高淮顺利通过了体检，被留了下来。这是他第一次独自离家，父亲和母亲都很担心，一想到他毕业后很可能直接被送到战场去，以后也不知道还能不能见到这个儿子，十分悲伤，临走时给了他一千多块钱，让他带着防身，大概这也是父母唯一能对这个儿子做到的。

告别父母兄妹，高淮跟着参军的同学们一起，沿长江而下，坐船到重庆，经宜昌到武汉，由武汉转车，坐火车到北京，再由北京到长春，一路辗转，终于来到第三坦克学校。跟着教官们参观过学校以后，高淮很惊讶。学校的设施非常先进，在50年代初已全部电气化了，电灯、电话都很齐全，煮饭也是用蒸汽。泸州师资力量最好的江阳中学和它相比简直望尘莫及，这让高淮大大开了眼界。

以前在家里都过的是养尊处优的生活，突然来到军校，生活习惯需要大大改变，但因为初中和农校时的住校经验，不久也就适应了。军校虽然管理严格，倒也没有部队那样严厉。最让同学们烦恼的内务，也有专门的指导员帮助指导，每个班都配有一个这样的指导员，谁的内务做得不好，指导员会手把手地教导。军事训练都是最基本的：跑步、下操、紧急集合，但因为强度比较大，有很多同学都受不了，不过高淮从小身体素质就不错，又喜欢运动，很快就适应了这种训练强度。

进入军校时，学员们首先要学三个月的政治，配合军事训练，此后再开始学习专业知识。高淮学的是坦克修理，但在学校里却没看到过真正的坦克，都是专供操作的模型。高淮在学校里学习了一年。1952年，因为前线急需人手，军官们便到学校来选择学习好的、思想进步的学员培训，好派往朝鲜。赖高淮是他们班的尖子生，自然被军官们挑中，于1952年底提前毕业，结束了自己在第三坦克学校的学习，怀着一颗保家卫国的火热的心，奔赴前线。

从第三坦克学校毕业后，赖高淮被分到了坦克三师。在此之前，苏联组建了一个坦克师，包括武器、设备、人员，一起调遣到中国来，在东北的四平市建好营地，帮助中国的志愿军也组建了一个师，按照苏联的编制，设了师长、团长、炮长还有驾驶员，对中国这边进行一对一教学：师长教师长、团长教团长、炮长教炮长。当高淮被分到这个基地时，苏联方面刚刚教学完毕，全师撤离。

1952年底，高淮进入连队，在四平待了大约有三个月。那时高淮在部队上担任文化教员，兼任坦克修理员。因为在军校里接受过正规教育，进入部队时享受副排级待遇，和文书、指导员住在一起。

在军校里，内务问题由辅导员专门指导，即便做得不好，也有辅导员帮忙。衣服虽然自己洗，但洗后的衣服教官们也不会检查，可在连队就不同了。连队里极注意战士们的军容，军装洗得不干净，就会遭长官们一顿狠批。自打高淮出生，衣食住行就都是帮佣们一手包办，即使中学和农校时住校，每个星期也是把衣服拿回家让佣人洗。军校里，高淮第一次尝试洗衣服，跟着别人学，都是把衣服放进水里泡一泡，再抹上肥皂随便揉一揉就算完事。但作为军人，每天都要经历繁重的军事训练，在地上摸爬滚打，很容易把军装弄脏，不仔细洗根本洗不干净。十七岁的小伙子，在这方面难免有些大而化之。衣服都是过了水像是洗过，但正面仍然一片黑。

有一次，高淮正在洗衣服，连长经过，看了批评他道："你一个大小伙子，怎么连衣服也不会洗？"说完这句话，蹲下来从他手里接过衣服，边做示范边教他："你看，洗衣服要先洗领，仔细搓洗了，然后洗袖子，用肥皂干刷衣服正面和背面，再使劲儿搓，搓完了还得再去打盆清水来，把衣服好好清一清。"

听了连长的教导，赖高淮非常羞愧。出生在那样一个钟鸣鼎食的富贵之家，家务事自然没有一般家庭的孩子做得好，但军队的纪律是铁的纪律，内务也是纪律当中非常重要的一个部分。高淮很为自己的内务发愁，希望自己能够快点赶上，不要拖所在团队的后腿。为此他又专门去找了这个教他洗衣服的连长，连长让和他同寝室的一个文书来帮助他的内务。

在这个文书的帮助下，高淮的内务渐渐有模有样起来。连长很欣慰，私下里还表扬他："队里有那么多内务做得不好的，有你这个劲头来改正的却很少，从这件事里就可以看出你这个小伙子是个很上进的小伙子嘛。"

高淮在四平待了三个多月，因为在军校里学的坦克修理，对于坦克原理的传动部分、油路部分和电路部分都比较熟悉，于是大部分时间都是指导新兵学习这方面的知识。在这期间，他和大多农村来的朴实的新兵们打成一片，建立了于他一生影响很大的情谊。

如果说参军之前，赖高淮身上还免不了有些富家少爷的毛病，进入部队之后，朴素而严格的军旅生活则彻底根治了他的这些毛病，塑造了他质朴、团结、独立、自立的军人精神。这样的品格对他一生都大有裨益。

2.

开入朝鲜

1953年开春，高淮和战友们告别四平，开入朝鲜。火车直接将坦克和士兵们运往平壤，坦克放在火车上，士兵们则都坐在车厢里。前线增兵属于军事机密，行动必须隐蔽。一旦被敌人发现，后果不堪设想。所以火车只有晚上开，白天基本不开。从四平到平壤，一共花了两天一夜的时间。这两天一夜里，战友们都待在车厢，也没有什么事做。即将奔赴前线生死不知，思乡的情绪弥漫了整个车厢，许多战友都十分想家。赖高淮和家里人在一起生活的时间太短，虽然也被战友们的乡愁感染，但并不特别念家，更多的反而是亲临前线保家卫国的兴奋。或许是生在大家族的原因，赖家人的家庭观念普遍不重，后来赖高淮的大女儿也跟他一样，十一二岁就离家去了外地念体校，之后升学到省体校，体校毕业之后就出了国，和父亲在一起的日子屈指可数。

赖高淮所在的坦克三师入朝时提出的口号是“锻炼身体，保存实力”。所以刚入朝时，新兵们主要是在田边训练，并不派往一线战场。这些坦克兵都是在四平驻扎时才见到坦克实物，才将理论和实践结合起来，真正开始学着开坦克，技术很不纯熟，经常开着开着就开到沟渠里去了。于是，在平壤又严格训练了一段时间，上边才允许坦克兵们上战场。坦克一般是带着步兵冲锋，但刚开始高淮和战友们同敌人对战时，都是把坦克开到敌方阵营十公里前，把坦克当炮打，就像是一个流动碉堡，敌人打不到他们，他们不仅可以安全地藏在坦克里，还可以随时转移。

在中方的坦克兵们没到平壤之前，美军的小坦克十分猖狂，经常在开到离朝鲜的步兵们一两百米的地方停住，驾驶员从小坦克里探出来弹手风琴甚至跳舞，极尽挑衅之能事。朝方步兵举枪射击，他们就立刻躲进坦克里，让人毫无办法。等中方的坦克师到了，白天做好隐蔽，美军的小坦克一出来耀武扬威，就可以架炮打击他们。打过几次之后，那些小坦克就再也不敢猖狂了。

那时候的人自小就生活在兵荒马乱之中，似乎已把生死看做寻常事。从军校入校到四平训练的这一年多时间，这些年轻的新兵大都作好了心理准备，大家都明白要开往前线，就必然遭遇枪林弹雨，很可能会牺牲。当然也有人害怕，但即使害怕，枪炮也是不长眼睛的，于是大多数人都选择了让自己不要害怕。眼看着周围的战友一个又一个牺牲在战场上，还活着的战士们心中固然悲伤，但更多的是来不及悲伤。战场就是这样。

人的一生，如果曾经经历生死，那么此后生活中的种种磨难，便再也不足为惧。赖高淮一生无论面对怎样的境况都能始终保持心态平和，大约与他在朝鲜战场上的经历也不无关系。

3.

冲出封锁区

入朝后的新兵训练中，有一项训练任务是跑封锁区。那是一片由炮火铺就的坟场，有许多坟包，而且美军架设了高炮，一遇到人影移动，高炮就会开火打击。往前线传信的任务很多，前线和驻地之间正好隔着这片封锁区，遇到传信任务，上面多半是派给新兵们做。

为什么交给新兵做呢？主要是因为这里封锁虽然严密，但是相对真正的战场来说反而是更安全的。在跑封锁区之前，教员会先授课，告诉新兵们该怎么辨别封锁区里炮弹打过来的角度和距离，好采取适当的躲避措施。因为封锁区的高炮是美军用来打击大规模人群及器械的，单个人不易瞄准，基本上都是落在离人较远的地方。炮火一打过来，首先会听到轰隆一声炮响，根据炮响辨别它大概会落在哪个地方，采取卧姿，一般都能顺利躲过。新兵们跑封锁区都是晚上跑，炮火就更不容易打中，这项训练任务主要是增加新兵们的临战经验、锻炼他们的胆识。

虽然理论上好像并不危险，但毕竟是真正的炮火，身临其境时难免害怕。高淮第一次跑封锁区，是为了给离驻地十公里远的步兵一线送一封信。进入封锁区后，紧张得后背一片汗湿，第一声炮响时脑海里完全空白，只知道卧下，根本没意识过来还得去辨别炮火将要打在哪个方位，离自己大概多少米距离，在不在安全范围之内。生死一瞬间的事，哪里容得人考虑这么多！等炮响过后好一会儿，高淮才发现手脚还能动，自己还活着，又一会儿，才发现身体也没有受伤。在地上趴了很久，才有力气重新站起来。

那样黑的夜，那样危机四伏的封锁区，四周都是坟包，死神好像就在前方招手，只有不停地跑，不停地卧倒。高淮一辈子都不能忘记那个夜晚。但战场上，最重要的就是快速适应，不能适应便遭淘汰，而淘汰的方式往往非常残酷。此后，封锁区跑得多了，赖高淮慢慢积累出经验，便能辨别炮火的远近了，远近不同，它的响声也不同，有规律。从那以后，高淮真正领悟了什么叫做万事开头难。再困难的事，只要迈出第一步，就没什么好害怕的了，一切都会越来越顺利，就比如跑封锁区。

但在高淮的军旅生涯中，最让他难忘的倒并不是跑封锁区，而是一次徘徊在生死边缘的实战。

我方坦克师一般白天做侦探，侦查好敌军的兵力部署情况，入夜之后借着夜色掩护进攻，架炮打击，配合步兵冲锋。这种作战方法屡试不爽，让敌军很害怕，觉得中国的坦克兵很强大。这让整个坦克师隐隐有了些骄傲情绪，有一次，没有做好侦察就开到隐蔽区去了，离敌人只有两三公里，非常近。敌人很快发现了我方的坦克，立刻通知空军进行轮番轰炸。虽然人没从坦克里露出头来就基本没事，但炮弹落到坦克上仍会炸出个坑，震得人耳鸣，没带好耳机的还会耳聋。经过敌军的轰炸，无线电通信全被干扰，各个坦克之间无法取得联系，整个坦克队失去指挥，简直乱成一团。高淮当时和连长坐在一辆坦克上，没有遇到大危险，但目睹了整个现场，令他非常震撼。

这次小规模战役令我方坦克师损失惨重，直接原因就是因为事先没有做好充足准备。这给高淮上了沉重的一课：失之毫厘，差之千里，做事情万要细心考虑，稍不留意，就是人鬼殊途了。后来赖高淮从事白酒研究，同事们都为他在实验中的细致精神折服，不知道为什么那样豪爽的性格却能在实验中有这样细致的心态，而这种态度正是从残酷的战场上培养出来的。

4.

萧杀与斑斓同在

90年代时，军队中流行一首歌，叫《军中绿花》，有这么几句歌词：“声声我日夜呼唤，多少句心里话，不要离别时两眼泪花，军营是咱温暖的家，妈妈你不要牵挂，孩儿已经长大，站岗值勤是保卫国家，风吹雨打都不怕……”歌词写出了军中生活的柔软一面，和着舒缓的调子唱来，往往使人感动流泪。

赖高淮1951年参军，1955年从部队转业，在军队中度过整三年，记住了战场上的紧张萧杀，也记住了战场下军旅生活的斑斓多彩。

那时候，部队每天都要集合唱歌，一方面鼓舞士气，一方面丰富大家的业余生活。赖高淮是文教员，教战士们唱歌的任务自然落在他的肩上。要教别人，首先自己就要会。高淮总是利用业余时间先从别人那里学会，再把战友们集合起来一起教，比如《三大纪律八项注意》、《大刀向鬼子们的头上砍去》、《团结就是力量》，等等。在他担任文教员的两年多时间里，教给了战友们数不清的军旅歌曲。

这些歌节奏明快，琅琅上口，战士们都喜欢唱。除了教歌，高淮还负责指挥，同时经常组织连队进行拉歌比赛。比如把云南、四川等籍的战友组成一个队，然后黑龙江、辽宁等省的战友再组成一个队，分别给两个队起代号，一方是“西南的青年”，一方是“东北的青年”，拉歌就是西南和东北大比拼。每次拉歌，大家都格外卖力，也可见出青年人不服输的性格。

在部队上，高淮首次接触到跳舞。为了丰富战士们的精神生活，在朝鲜时，师里专门请了苏联的老师过来教战士们跳舞。因为老师是苏联人，教的大多也就是苏联舞曲、拍手舞、圆圈舞等。高淮就是在那时候学会跳舞的。停战之后没多久，师里开办了第一次交谊舞会，其实也就是为到了年龄还没结婚的干部们解决个人问题。此后形成惯例，每周组织一次，每个连队发三张票，干部们都可以凭票参加。赖高淮所在连队的连长和指导员都不喜欢跳舞，拿到票转身便送给他们年轻人，让他们参加。第一次参加舞会的高淮非常腼腆，其他的小伙子也差不多，大家只在一旁看那些女孩子跳而已，主要是感受一下舞会的气氛。

高淮在前线时，还有一个兴趣，就是反复翻看来自四川和重庆的慰问信。前线经常收到类似的慰问信，高淮一有时间，就去翻看，常在信上看到很多鼓励的话，比如“你们是最可爱的人”、“祝你们胜利”，看到这些话，心里就觉得热乎乎的，一下子充满了勇气。他在战场上一待就是两年多，面上表现得再坚强，心中还是渴望来自家乡的慰藉吧。

1954年，高淮跟着部队从朝鲜回国，摆在他面前的有两条路，一条是继续留在军队里，一条是转业。高淮一时很迷茫，战争一结束，仿佛整个人就空落落的了。一直对他关怀有加的团长调出他的档案，提点他：“你出身不好，从整个情况来看，即使留在军队里也不大可能当得到将军。你最好还是转业回去，继续读书，搞技术。”团长这番话已是一番交心的体己话，让赖高淮茅塞顿开，很快便做出决定，还是回家乡继续读书，参加高考。那时高淮还在负责转业军人的后勤工作，先要组织他们学习，然后给他们办证、发退伍费、联系车票等，都是些很繁杂的工作。三个月后，等战友们的转业手续都办得差不多了、一一离开之后，他才着手开始办自己的手续。

1955年初，高淮离开了部队。这一年，他刚满21岁。

第四章 工作了

回家，入酒厂

实验组的新人

一台旧分析天平

自学之路

酒桌上的『龙门阵』

1.

回家，入酒厂

赖高淮转业回家时，当年被称为“泸半天”的赖家已不复存在了。

在部队上时，虽然曾收到兄弟的家书，谈及家中境况，但不过寥寥几句，只能让人揣摩个大概。回到家乡才看到，赖家的作坊随着当时的国家政策进行了公私合营，所幸父母都建在，二老搬在上码头父亲一个徒弟家中暂住。但徒弟也不宽裕，小院中只挪得出一间屋子。赖高淮回家没地方住，很长一段时间都住在当地的转业军人委员会，这个委员会主要的目的就是解决转业军人工作问题。

复旦大学毕业的哥哥已参加了工作，就在泸州市税务局，和自己同期参军的妹妹也在年前转业到泸州医学院工作了，其他的弟弟妹妹们都在泸州本地念书，男孩便和大哥住在一起，女孩便和二姐住在一起。除了跟随军队奔赴西藏的大姐，一家人终于又能够聚在一处，倒是比小时候更和乐，更像是一家人。

那时，泸州的很多资本家要么被关进了监狱，要么被枪毙，要么就自杀了。赖家虽然失去了生意和产业，但孩子们觉得，父母能够平安，已是一家人最大的福气，只是日子一下子变得紧张，父母双亲和还在念书的弟弟妹妹们仅靠参加工作的哥哥和妹妹两人供养，难免吃力。

1955年的春天是个暖春，柳树很早就冒出芽儿来，人们也早早脱下了棉袄。赖高淮加入了街道组织的补习班，准备补习半年后参加高考。小时候不懂事，对于学习总是半吊子，喜欢的就认真学，不喜欢的就不学。可从战场回来后，已明白很多，晓得了知识的重要性，对于高考，高淮卯足了劲儿。

高淮所在的补习班就设在地方国营酿酒厂的对面。这家厂正是如今被称为"浓香鼻祖，酒中泰斗"的泸州老窖前身。补习班的学生们常和对门酒厂的篮球队打球，但十打九输，结果总不如人意。赖高淮从小学开始，打了近十年的篮球，球技很好，进入补习班后，立刻被游说加入补习班的篮球队。加入篮球队的第一个星期天，队员们就摩拳擦掌，和酒厂篮球队联系了一场友谊赛。

这场比赛打下来，长期输球的补习班篮球队终于扬眉吐气了一回，酒厂却输得很惨，比分被拉出一大截，且其中大部分的比分都是被补习班这个新来的高个子——赖高淮——拉开的。他在那场比赛中表现得相当精彩，抢篮板、防守、卡位、投篮，每一步都游刃有余。

对于高淮来说，这不过是一场比赛。比赛完了，便继续全身心投入到学习当中。但没几天，酒厂的一位老领导却笑眯眯地出现在了补习班门口，招手让他出来后，问他："小伙子，听说你是个转业军人？"高淮点头说是。老领导上下打量了他一会儿，道："我是对面酒厂人事科的，你愿意不愿意到我们酒厂来工作？"面对这个邀请，高淮非常诧异，一打听，才知道酒厂里有个人事科的保卫干部是酒厂篮球队队员，自从上次的友谊赛后，就很欣赏他。保卫干部也是转业军人，一听说高淮也是刚转业的军人，惺惺相惜，又觉得军人吃苦耐劳、踏实肯干，有很多良好的品格，主动向上级申请了一个入厂名额，想将高淮纳入酒厂。最主要的是，高淮若进了酒厂，会是酒厂篮球队一个有力的生力军，逢到市里的比赛，将更有夺冠的实力。那个年代，国营单位是很看重这些荣誉的。

补习班的同学们知道这个消息后，都主张高淮不要去。那时泸州的烤酒行当里流传着一句话："没有三百斤毛毛力，不要踏进烤酒房。"酒厂的工作大多是繁重的体力劳动，不仅耗体力，还常常需要"熬更过夜"，非常辛苦。赖家从前的产业里也有个"同发生"，高淮小时候经常去这个糟坊玩，看工人们推着叽咕车、扛着云盘穿梭在窖池和甑桶之间，忙着配料、起窖、下窖、上甑、出甑、蒸糟、烤酒，个个光着膀子赤着脚，只穿一条短裤，干得汗流浃背、热火朝天。对于工人们的辛苦和烤酒的艰辛，整个补习班大概没人比他理解得更深刻。而邀请高淮入厂的地方国营酿酒厂，是在明清三十六家古老酿酒作坊群的基础上发展而来的，这三十六个酿酒作坊里，有一个正是赖家的"同发生"。

放学后，高淮拎着书包去码头边坐了一下午。长沱二江交汇的码头边上，三三两两停靠着过往的船只。童年时代，父亲也曾领他来看过他们家贩盐的货船，如今早已物是人非。

这个下午，高淮想了很多。想到小时候在酒糟坊里玩儿的事，想到离开部队时团长对他说："你还是继续读书，搞技术吧。"也想到考上大学后所需要的一大笔学费。如今家里只有大哥和妹妹在挣钱，却要供上面一双父母和下面五个兄弟姐妹，实在很辛苦，若是自己考上大学，更是增加大哥和妹妹的负担。上大学是为了学一门扎扎实实的技术，如果不上大学也能学到技术的话，是不是可以好好考虑一下呢。

打定主意，第二天赖高淮请了半天假，去酒厂找了那位人事科的老领导，对领导表达了自己的意愿，如果进厂的话，想要搞白酒酿造研究。那时酒厂并没有这个职位，酿酒技艺都是师傅带徒弟，一代一代往下传，但厂里主要是缺一个篮球健将，上面的几个领导一商量，答应了他的要求，并保证会好好培养他，其他地方若是有白酒酿造研究的培训班，可以公费送他去培训。高淮很感动，也很高兴，但心里其实还是有些忐忑，因为这个决定完全是由自己一个人做出的，也没有和父母商量，不知道双亲能不能接受。

高淮一直住在转业委员会，和父母住的上码头有一段距离。在路上时，他已作好了会受到父亲的竭力反对的心理准备，甚至想好了面对父亲责备时该怎样辩驳。可没想到，父亲听说这件事，抽了半夜的烟后，表示尊重他的决定。不能接受他放弃高考的，反而是他母亲。正如一句打油诗所说："养儿不进酒糟坊，养女不嫁烤酒郎"。母亲认为酿酒没前途，上大学才是一条正经的光明大道。头发斑白的母亲流着泪摆出一套一套的道理来，劝了高淮很多次，高淮虽然理由充足，但担心学费的理由却不能和母亲明说，怕徒惹母亲伤心，只好默默承受。最终还是没有动摇初时的决定。

春天刚过，高淮便从补习班退学，加入了酒厂。高淮希望母亲能看到自己即使没有上大学也能做出好成绩，活得很好。但这个愿望却没能实现，成为了他一生的遗憾。

就在他进入酒厂的第二年，母亲便因病去世了，临走时也对他不放心。

2.

实验组的新人

50年代，省里组织了许多白酒酿造的技术活动。赖高淮进酒厂没多久便被厂里派到了绵竹县参加玉米酿酒的实验。以玉米为原料酿出的酒被称做玉米酒，此次实验主要是为了提高玉米酿酒的出酒率。省里专门为这个实验建了一个工作组，由专业工程师、技术员、化验员组成，很正规齐全，实验基地就定在绵竹酒厂。

高淮小时候见过别人酿酒，但从没有接触过酿造研究这个领域，可以说是一片空白，什么都不懂。到绵竹来，也是一心抱着学习的心态。好在组里像高淮这样由各个酒厂派来的毫无基础的学员为数不少，组里经过研究，专门指派了技术员来给这些学员做讲解，有化验理论，也有分析法、操作法等，内容很多。

高淮最初是被分到化验组，参加化验工作。听起来好像很复杂，但他负责的流程却十分简单。技术员们将需要配置的药品写成一张单子，在单子上注明配置该药品所需的原料和每种原料的数量，并注明操作方法，他照着这个单子一步一步做就可以了。

我们常在中药店里看到抓药的伙计，那时的高淮做的其实就是类似的工作。刚开始，他觉得很有趣也很新奇。渐渐地，却开始想，为什么配这种药需要这些原料而不是其他原料呢，这种药品对于实验有什么帮助呢，它是怎么设计出来的呢？赖高淮非常羡慕那些能写出药品配置单的技术员，盼望着有一天自己也能亲手设计实验用的药品，写出漂亮的药品配置单。

有这样的想法在心中，高淮学习起来特别认真刻苦，加上农校里学过土壤学、有机化学、微生物学等等，知道硫酸铜是什么、氢氧化钠是什么，懂得化学方程式，有一定的底子，学起来也比较得心应手，上手很快。其他的很多学员，因为文化程度太低，学起来十分吃力，直到玉米酿酒的实验结束，也没能把技术员讲的简单知识弄明白。高淮的刻苦不仅是在培训课堂上，他不像其他学员那样死记硬背老师讲的知识，而喜欢打破沙锅问到底，常常在下课后跑去向教导他们的技术员请教问题。技术员是个刚大学毕业不久的年轻小伙子，叫杨昆齐，对高淮很是另眼看待，经常夸赞他：“老赖你的记忆力不赖嘛，学得挺快啊。”

赖高淮在绵竹跟随实验组做玉米酿酒的实验，一做就是半年，其间没有回家一次，生活虽然很紧凑，但也不乏乐趣。那时，实验组里年轻人很多，很活跃，爱好各种文体活动，乒乓、篮球、羽毛球，甚至游泳。这些文体活动里有一项是大家都喜欢的，就是跳舞。50年代中期，国内虽然开始时兴跳舞了，但并不流行，酒厂就更没有这种活动了。

几个年轻人一商议，决定星期六晚上在酒厂的礼堂里办一场简易舞会，邀了实验组的年轻小伙子和五六个年轻姑娘到时候一起来跳。时间定下来后，大家日盼夜盼，终于盼到星期六晚上。人都到齐了，却没有乐器伴奏，大家便拿一些瓷盆碗碟互相敲打充数，虽然很简陋，但气氛很好，每个人都玩得很开心。哪里想到厂长正在礼堂隔壁的房间睡觉，被吵得睡不着，忍无可忍跑过来大发雷霆道："你们在搞什么鬼名堂，十点钟了还不快睡觉。"这场舞会才戛然而止。

在这期间，高淮代表绵竹酒厂参加绵竹县的体育运动会，取得了跳高比赛的第二名。运动会是整个绵竹县一年一度的大赛事，县里的每个单位都参加，不只有单人项目，团体项目也不少，比如说篮球赛。绵竹酒厂自己的篮球队实力不行，年年都打不进县里前三，实验组里高淮他们几个小伙子便自告奋勇，加入篮球队帮他们打比赛，最后层层晋级，竟然取得了第一名。被挤下来的球队很不服气，在主席团颁发名次前举报说："绵竹酒厂队请了外援，里边很多人根本不是他们酒厂的，必须取消他们的名次。"即使篮球队获得了第一名，最后依然没有获得名次，连带高淮个人取得的跳高比赛第二名也被取消了。

1955年年底，玉米酿酒实验终于结束，实验结果使玉米出酒率由原来的不到50%提高到了55%左右，取得了很好的效果。应用在生产上，将会大大节约成本，提高利润。

实验结束后，高淮回到家中，感慨很深，觉得要把酒吃透，必须通过化验数据来说明问题。分析是一双眼睛，科学的眼睛，能够有效地指导生产。而目前厂里却连个正经化验室都没有，用什么来指导生产？这样的生产太盲目了，他这么想着。

3.

一台旧分析天平

从绵竹回来后，高淮花两天时间，认真写了份报告。在报告中阐述了自己关于这次实验的心得和想法，并提出了传统行业应该向科学迈进，希望厂里能批准他建立一个化验室。

那时的赖高淮是初生牛犊不怕虎，雄心勃勃。领导看了他的报告，觉得这个年轻人很有想法，而且从理论上来看，建化验室确实具备可行性，厂里经过商讨之后，正式授权给他，并拨给他一笔筹建资金。拿到这笔钱后，赖高淮开始了一段东奔西走的生活，申请房间、联系设备、购买药品，全是他一个人亲力亲为。

厂里拨下来的资金有限，为了最合理地利用这笔资金，高淮请教了很多在绵竹做实验时认识的专家，做了许多预算方案。为了以最低的价格购得最好的设备，他是想尽办法。

化验室的设备终于买回来了。但设备还没安装好，厂里就传来消息说四川省糖酒研究室在内江市银山镇成立了“代用品固态白酒酿造”项目，正在各个酒厂物色工作人员。而在绵竹的那次玉米酿酒实验中，高淮给省专卖局的一个技术员留下了很好的印象，技术员觉得他好学肯问，好好栽培，以后肯定有前途，大力向项目组推荐。赖高淮是唯一由项目组自己从酒厂选出来的工作人员，而其他来自酒厂的工作人员都是由所在单位推荐而来的。

代用品固态白酒酿造，顾名思义，正是以代用品代替谷物粮食作为原料进行固态法白酒酿造。那时，国外经常以木薯做代用品来酿造酒精。理论上讲，只要含淀粉的物质，都可以变成酒精，淀粉植物是酿造酒精的一个主要来源。由此，一部分专家提出设想，既然含淀粉的植物能够酿出酒精，那么也就能酿

出白酒来。省糖酒研究室的这个项目正是建立在该设想上。

主管这个实验的是北大毕业的一位高级工程师，陈茂椿先生，如今被称为白酒行业里的泰斗级专家。研究室选择青冈仁、桂圆核、厥鸡头、白金玉等淀粉含量高且随处可见的野生作物作为代用品。这些野生作物漫山遍野疯长，要么被山民们收回家当猪草，要么在山中自生自灭。如果能将这些作物利用起来酿酒，一定能成为固态法白酒酿造的一个里程碑。

高淮跃跃欲试，兴致勃勃，只简单收拾了几件换洗衣物和洗漱用品，就奔去了实验的目的地——银山镇。

“代用品固态白酒酿造”的实验从开始到结束一共做了八个月，甚至1956年的春节，大家都是在银山镇度过的。这个实验的技术力量比起绵竹的玉米酿酒实验还要来得专业和强大，光是实验器具，就新添了许多高淮以前没看过的。比如分析天平（一般是指能精确称量到0.0001克，也就是0.1毫克的天平）、高倍显微镜、分光光度计等等，都是些高精尖的仪器。

项目组里不只高淮一个人是这样，很多从酒厂里抽调上来的工作人员也是第一次看到这些仪器，都想去触摸使用。就好像武侠小说里描写的那样，剑客们看到好剑时都想去试试它的锋利程度。但那时有规定，没有技术员以上职称的工作人员不能随便使用精密仪器，因为操作不规范的话很容易导致损坏。比如分析天平，它的托盘就非常脆弱，每次放东西上去称量时都需要特别小心翼翼，物体放快了、放慢了或者放重了都会出问题，必须采取十分精细的专业操作。但好奇心驱使，高淮和同事们仍然偷偷摸摸跑去用，被领导看到，免不了挨批评。后来领导看他们实在想学，便把一个准备淘汰的旧分析天平找出来拿给他们练手。很多同事嫌这个天平不太准，用过一两次后便不再使用，但高淮一有时间就跑来练习，对他来说，这个天平简直是整个实验组最神秘有趣的东西。

比起大多数毫无实验经验的工作人员，赖高淮因曾在绵竹待了半年参与玉米酿酒实验，又比较上进好学，在新人里很快脱颖而出，组里的工程师们都很看重他，觉得是棵好苗子，他们的器重让赖高淮难免有点得意。却没想到这小小的得意很快就招来一顿狠狠的批评。那是在一次总结会上，负责带他们几个新人的一位技术员发言，开口便点名批评他，道："小赖这个人，什么都想去动，什么都想去摸，好高骛远、一知半解就开吼，是典型的'半罐子水响叮当'。"当着项目组全体工作人员的面受到这样的批评，高淮心里很难受，觉得既羞愧又丢脸，头都要低到桌子下面去了。可仔细想想，技术员的话虽然说得不留情面，但自己不正是半罐子水吗？反省之后，高淮受到启发，在随后的实验进程中，再也没有表露出半点浮躁，更加努力学习。

这个实验里，高淮负责的工作仍是化验，但比在绵竹时做玉米酿酒实验艰深很多。以前他只需要帮技术员配置药品，在实验快要扫尾时跟着带他的老师分析分析半成品的酸度和水分，但如今却是做原料和成品酒的分析了，虽仍有老师带着，但分析项目更加复杂，所要用到的分析理论也更多。此外，八个月里，工作任务安排得相当繁重，远没有上一次实验那样轻松。

实验结果表明，以青冈仁、桂圆核为原料酿造的酒，质量较好，出酒率较高，但必须在蒸煮发酵前去掉单宁。喜欢喝红酒的人肯定知道，红酒酒体的质感是否突出，就是单宁在起作用。但同时单宁是多酚中高度聚合的化合物，能与蛋白质和消化酶形成难溶于水的复合物，影响食物的吸收消化，若是酿酒原料中单宁含量太高，则会阻碍发酵。

而用其他原料就更麻烦了，苕干酿的酒甲醇含量高，且口感很差，不能食用。厥鸡头酿酒在第一步就走不通，一个是粉碎困难，另一个是粉尘太重，污染环境。在近八个月的生产实践中，实验组获得了许多经验和教训，都是不可能在书本上得到的知识。"代用品固态白酒酿造实验"的结论是：含淀粉高的野生植物或一些废弃物是可以酿制成白酒的，但不能用固态发酵法进行，因劳动强度太大，且极易污染环境，成本高而酒质很差，有的根本不能饮用。

这次实验无法创造固态法白酒酿造的里程碑，并没有取得想象中的成果，最后只证明了这个提议没有任何可行性。很多来自酒厂的新进工作人员都感到

很沮丧，但高淮的看法是，搞研究注定有成功也有失败，做一百个东西能成功一个就算很不错了，实在不用去计较太多，重要的是你在过程中发现了什么，学到了什么。而他在这次实验中学到的就是严肃的研究态度以及戒骄戒躁的研究风格，并且认识到了酿酒看似简单，理论上却非常深刻，不是一下子就成功得了的，操作很简单，但真正钻进去了就不容易出得来。从这个时候开始，赖高淮才真正打心底里开始重视酿造理论。

4.

自学之路

高淮小时候听父亲讲过欧阳修的一个故事，说欧阳修四岁时父亲去世了，母亲一个人带着他，很不容易，没钱供他上私塾，便用芦苇、木炭做笔，在沙地上写字来教他。欧阳修六岁时已经认识几千个字，母亲没什么可教他的了，他只好自学。他借别人的书来读，在规定的日期把书抄完，还给人家，书抄完了之后再背诵，后来学有所成，成为中国著名的大文学家。小时候不理解这个故事，只觉得欧阳修书读得太苦，多年后重新想起，高淮觉得，自己也可以像欧阳修一样，虽然没有老师教自己，但可以自学。

1957年，高淮23岁，从这一年，他开始踏上白酒酿造理论的自学之路。他跑遍泸州所有的书店，把能买到的关于酿造的书全买了，有机化学、分析化学、还有陈騊声先生的酿造总论及论文，堆起来好大的一摞。那时，中国固态法白酒酿造是没有专门教材的，大学里也没有开设这个专业，只有酿造专业和发酵专业勉强沾边。这两个专业学的内容包罗万象，包括酱曲、麸醋、黄酒、豆豉、豆瓣的酿造和酒精、柠檬酸、青霉素等的发酵，可就是没有固态法白酒酿造。高淮能买到的书只有有机化学、分析化学等讲解普通原理的课本以及一些酿造专家的酿造论述及论文。没有现成的、专门讲述固态法白酒酿造的理论书籍进行指导，无疑加大了高淮的自学难度，他只能依靠书本上笼统的酿造知识，结合白酒酿造的具体操作自己琢磨，并在实践中总结适合白酒酿造的酿造学理论。这是非常不容易的。

由于中学和农校时学过化学、生物，有些底子，刚开始自学这些内容时，还比较容易，但越往后面越复杂，越不容易懂，常常会为一道题目绞尽脑汁很多天。也有过想放弃的时候，但一想到不懂酿造理论，一辈子只能做个机械的操作员，决心就又回来了。参加了两次大实验，高淮最羡慕的就是那些技术员们，什么都懂，在总结会上也说得上话，摆出的道理都是一套一套的，一听就知道他们是专业人士。高淮很想和他们一样，懂得理论，掌握很多酿造知识，甚至有一天，能自己设计实验。

白天要上班，找不到大块的时间看书，只有趁下班时间学习。那时候，每天晚上厂里员工们都要集合上两个小时政治课，当领导们在台上讲政治报告的时候，高淮就在下面看书记笔记。很多同事白天上班已经很辛苦了，一上政治课，听着声调没什么起伏的政治报告就像听催眠曲，一不留神就睡着了。领导从上面一看，大部分员工都在打瞌睡，只有高淮一个人看起来像在认真听课，还记笔记。厂里的书记因此而大大表扬了高淮一次：“你们这些人，一上课就全部打瞌睡，怎么不向赖高淮学习？人家每堂课都认真听，还拿着笔认真做笔记！”

赖高淮将自学坚持了一辈子，虽然如今已是77岁高龄，却仍坚持学习，真正地实践了“学海无涯苦做舟”七个字。迄今为止，赖高淮已在自学中积累了几十万字的笔记。

5.

酒桌上的“龙门阵”

1957年，国家科委提出“继承和发扬民族遗产”的口号。为响应国家的号召，国家轻工部于1957年10月牵头，开始从科学规范上整理、传承祖国深厚的酿酒传统和酿酒文化，并组织制定具有法律意义的白酒行业卫生标准。而早在1952年的中国首届评酒会上，泸州老窖就以浓香型白酒典型代表的身份被评为“中国名酒”，这次制定行业标准，轻工部便组织有关单位组成了泸州老窖大曲酒查定总结工作委员会，在酿酒专家陈茂椿、熊子书的指导下，全面而科学地对泸州老窖酒的发酵机理、酿造工艺、生产流程进行分析、研究和总结。

泸州老窖大曲酒查定总结工作委员会共三十余人，包括四川省轻工厅领导的糖酒研究所和商业厅领导的烟酒专卖局技术人员，其他酒厂的相关技术人员，还包括泸州老窖酒厂的酿酒师。在委员会基础上成立的工作组被安排在市政府旁边的工业局内，吃饭、睡觉、办公，都在那里。高淮从1954年进厂，一直在学技术，还曾参加过陈茂椿先生在银山主持的代用品固态白酒酿造实验，给这位白酒酿造专家留下了很好的印象，也被选入工作组，和这些技术人员同吃同住，这又像是回到了在绵竹和银山做实验的日子。

工作组的主要任务就是根据泸州老窖的酿酒工艺编撰书面材料。为此，每天都要深入车间，先反复进行现场观察记录，再由老工人和工程技术人员座谈修改。历时十个月，一本重要的文献资料——《泸州老窖大曲酒》——经过市党政领导组织群众性的最终审查后，终于定稿。

这本书一共有四章，包括“原材料和燃料、制曲、酿酒、成品质量”几个部分，是中国浓香型白酒的第一本酿造工艺书，在此后的很多年内，对全国浓香型酒厂的发展都起到了促进和规范的作用，意义十分重大。而高淮在此期间担任的工作正是数据分析和资料整理，为工作组完成《泸州老窖大曲酒》的编撰提供了第一手原始资料。

在泸州老窖大曲酒查定总结工作过程中，还发生了一件令人难以忘怀的事。

某一天，工作组的陈茂椿、吕正修等几位酿酒专家和宜宾酒厂、绵竹酒厂的几个代表一起吃饭，赖高淮也在一旁作陪。四川人吃饭，喜欢在饭桌上摆龙门阵（聊天），天南地北无所不谈。不知怎么，聊到了酒的名字。

那时候，五粮液还不叫五粮液，因为是多种粮食酿造，行内都将它称为杂粮酒，旗下比较有名的几支酒，一支取名尖庄，一支取名原曲，一支取名翠屏春。北大中文系毕业的吕正修开玩笑道，尖庄、原曲和翠屏春这三个名字都不好听，明明是五种粮食酿的酒，为什么不叫五粮液呢？而且绵竹酒厂位于剑门之南，有句古语叫“剑南之烧春”，绵竹酒厂改名叫剑南春也很好嘛。饭桌上的同事们纷纷赞同。后来，吕正修通过“查定总结工作委员会”向省里提出了对这两个酒厂厂名进行修改的构想，获得省里的批准，五粮液、剑南春之名才由此而来。

一顿饭敲定两大名酒的名称，玩笑开成真，也算是一件奇事了。

第五章 救救老窖

1.

研究员到烤酒匠

1958年底1959年初，中央提出“劳动人民知识化，知识分子劳动化”的口号，既让劳动人民学习知识，提高他们的文化水平，又让知识分子们参加生产劳动，改变他们的人生观世界观，使他们更贴近工农群众。作为一名知识分子，赖高淮也在这时候被下放，到劳动模范赵子成的酿酒车间，当一名酿酒工人。

和高淮一起下车间的共有五个人。初下车间，年轻人们都不太情愿，而酿酒车间全是重体力活，干了两三天，其他四个人都坚持不下去了，纷纷找医院开了病假条，证明自己的身体承受不了重体力劳动。有医院的证明，厂里只好允许他们在家中养病，或者安排一些轻松的工作让他们做，比如到包装车间搞包装。

那时赖高淮一心扑在白酒酿造的学问当中，觉得自己从接触酿酒开始就在搞理论，没有深入到工人当中实践，缺乏经验，能够下车间，将理论和实践真正结合起来，其实是个好机会。以前坐办公室的同事们纷纷离开了酿酒车间，最后一个离开的同事拍着他的肩膀说：“这里太辛苦，简直不是人待的地方，你还是找个理由出来吧，反正哪里都是劳动，不如去包装车间，那里就轻松得多。你找个合适的理由，厂里也不会不答应。”车间里的几个老师傅也在背地里说，前面几个都走了，最后这个娃也肯定坚持不了一星期。

但出乎所有人的意料，高淮不仅坚持过了一个星期，还坚持到了最后。他从小就是这样，只要自己下定决心要做的事，无论多么艰难，也会努力完成。

烤酒匠拼的是体力，挑水、挑糟子、挑粮食，哪一项都是重体力活。高淮刚到车间时，就被安排去挑粮食。烤酒的粮食一甑是一百四十斤，一副挑粮食的箩筐有十斤，加起来一共一百五十斤，把粮食从堆放处挑到操作间，大概有二十级的梯子，距离不远，但坡陡，挑起来很不容易。

赖高淮的班组分了三个人挑粮食，每人每天要挑五挑。除此之外，还要下河挑水，用大桶，一桶水一百二十多斤。这个路程就远了，从河边挑到车间里，有两百多米。车间里实行两个班组轮班制，一个组干十二个小时，保证一天二十四小时车间都能开工，大家都是在换班的时候挑水。他所在的班组有时候是晚上十二点和另一组换班，就得在半夜三更去河边挑水，每个人挑十五六挑，得花两个半小时。因为刚下车间，路况不熟，天黑看不清，肩上的水又重，赖高淮走在路中间时常被后边的工人赶超。有些工人本来就不喜欢知识分子，和他擦肩而过时总要撞他一下，让他桶里的水洒出不少。往往装得满满的一桶水，挑回去却只剩半桶。高淮也不和他们理论，只是后来挑水都只挑半桶了。肩上的担子一轻，人也走得快，后面的人追不上，再不担心被撞了。

有不知情的老师傅责问他：“你怎么只挑半桶水啊？”高淮回答：“反正都要洒，到最后也只剩得了半桶，我这样走得快点，还可以多来回几趟。”那些撞他的工人们听了，也不说话了。

工人们害怕这些下放劳动的知识分子是上面派下来监督他们生产的，一直想赶他们回去。和高淮一起下放的几位同事不用他们赶已经纷纷离开了，只剩下高淮一个，工人们一心想让他知难而退，处处都为难他。除了挑水时会故意去撞他，起窖时还会借着锻炼他的名义，把最远的窖池让给他起。所谓起窖，就是把窖池里的糟子挑到堆糟坝处堆放起来，是酿酒过程中的一个术语。窖池里挖糟子的工人每次都把高淮的篼篼压得特别满，一担篼篼三百多斤，初时腰都直不起来，他也不做声，自己用脚踢一部分下去，直踢到能够挑得起来了。挖糟子的工人看到了问他："你这娃怎么这么偷懒？"高淮实话实说："太重了，我挑不起来。"工人们没想到他这么坦诚，也不好再说什么。

饶是高淮这样精力充沛的年轻人，也花了起码一个月的时间才适应了酿酒车间的劳动强度。小时候在作坊里玩耍，就知道烤酒很辛苦，但从没想到竟然这样辛苦，刚开始那半个月，半夜两点下班，回到宿舍一躺到床上就浑身动不了，必须要睡足十二个小时，第二天中午两点闹钟响时才醒得来。一天除了上班就是睡觉，累得根本没法去想其他事情。

那时候仍然要上政治课，但时间并不固定，有一次上课正是高淮的睡觉时间，他忘记调闹钟，也就没起得来。课堂上书记没看到高淮的人影，很惊讶，问下面的同事："赖高淮人去哪里了，怎么没来？"有同事回道："他还在床上睡觉。"书记不了解情况，看了一眼窗外的大太阳，道："太阳都晒屁股了他还在睡觉，你去床上把他给我抬下来。"同事费了好大劲儿把高淮弄醒，一听说自己错过了政治课，赶紧从床上爬起来，衣服都来不及穿好，就跟着同事急匆匆地出了门。他本可以打个假条说明情况，这样以后排在他休息时间的政治课都可以不用参加，但他并没有这样做。几年的部队生活养成了他守纪如山的性格。高淮把纪律看得很重，这也是他在此后人生中一个雷打不动的原则。

再怎样艰辛，高淮也没有放弃过，他觉得烤酒就是这样，任何事都是这样，万事开头难，只要把头开好了，就成功了一半。况且当年战场上都熬过来了，这个还挨不过去么。自下车间劳动以来，高淮没有抱怨过一句，只是闷头干活。工人们看他这么坚持，是真心来锻炼，来学东西，也就没再为难他，还对他越来越好。

泸州老窖酒传统酿造技艺作为纯古法酿酒技艺，自1324年郭怀玉发明甘醇曲、开创浓香型白酒的酿造史以来，师徒相承，口口相传了六百余年，是老祖宗留下的宝贵遗产。这一套酿酒技艺中的许多神奇酿造技术，比如“回马上甑”、“看花摘酒”、“脚踢手摸”等等，非长时间经验积累不能学成。

适应期过后，在烤酒休息时间，高淮便有精神去向酿酒技师们请教酿造技术，这些老师傅看高淮老实肯干，打扫车间又勤快，都挺喜欢他，也愿意把经验说给他听。比如“脚踢手摸”，有经验的老师傅们掌握住力度用手捏一把酒糟，如果粘手，且赤脚行走在酒糟间有打滑之感，就知道该酒糟的发酵度和含水量已经合适。

再比如“看花摘酒”，蒸出的酒从“牛尾巴”里流出来，呈现出不同的酒花儿，酒花儿根据其不同形态，会有不同的名字。什么叫大泡子，什么叫鱼眼睛，什么叫口水花儿，大泡子这一段有多少度，鱼眼睛这一段有多少度，口水花儿这一段多少度，老技师们靠自己的双眼一看，便估摸得出来。工人们在出酒时还得去做一些其他事情，如果出酒出到鱼眼睛这一段，那就说明出酒时间还长，还可以干点别的，一看酒花儿是口水花儿，就得守在那儿了。口水花儿流完了，摘酒也就结束了。摘酒只要“大泡子、鱼眼睛、口水花儿”这三段的酒，三段酒混起来大约有65度左右。口水花儿之后的这段酒是不能要的酒，大约有四五十度，流尾子再流个三十分钟，前十分钟的酒大概有30度左右，后十分钟的酒只有10度左右了。

这些技术都是师傅教徒弟，一代教一代的，老技师们把这些技术和经验教给高淮，也就是认他当徒弟的意思。高淮一边跟着师傅们学技术，一边把师傅们的这些经验记到笔记本上，再拿实验器具进行分析，看有经验的老师傅们挑出来的最适合酿酒的糟子里到底含有多少水分、淀粉，做好记录。可以说，赖高淮是浓香型白酒酿造史上第一个将酿造技艺数据化的学徒，下车间劳动时期得来的化验数据，为此后浓香型白酒的研究提供了大笔珍贵的原始资料。

如今，赖高淮练就了一个绝活儿，即使不用“脚踢手摸”，只要看一眼糟子，就能估摸出它的含水量、淀粉、酸度，把糟子拿去化验之后得出的数据，百分之九十和他的估摸符合。

2.

救救老窖

1960年，国家闹饥荒，粮食极度匮乏。烤酒需要粮食，可人们连饭都吃不饱，哪有足够的粮食烤酒。面对这样艰难的境地，酒厂只好将一部分窖池停产，以响应国家减少粮食消耗的方针。

泥窖酿酒的奥妙主要在于窖泥中所含微生物。酒的香气实际上是微生物新陈代谢的产物，其决定了酒的风格和品味。微生物在窖池不间断的发酵过程中不断驯化富集，窖越老，微生物越丰富，酿出的酒就越好。若窖池停止生产，必然破坏窖泥的微生物环境，假使恢复生产，酒的品质也会受到很大的影响，而且倘若窖池停产时间过长，微生物死亡殆尽，那这口窖便再也不能酿出酒来，只能是一口废窖了。停窖着实是件大事。厂里研究很久，决定让一部分窖龄较短的窖池暂时停止生产，以此将窖池损失减少到最低。但停窖不能停工，原本属于停产窖池所在车间的这部分工人，该怎么来养活？会议开了一次又一次，方案否定了一套又一套，领导们终于达成一致，决定开办卫星厂，搞多种经营。

赖高淮在厂里搞了几年研究，比较有经验，领导们一商议，将他从化验室抽调出来，去搞卫星厂。那时提出了十来个项目，有用黄水做醋，做酱油，还有用酒糟子做人造肉精等。黄水本身就被称为酒醋，在黄水里加入中药材熬制，就可以当食用醋来调味。把黄水稀释综合，再在里边加盐巴，就做成了食用酱油。人造肉精的工序相对麻烦些，先得把酒糟子洗过，然后把渣滓过滤，过滤的液体里含有糖分和淀粉，用它来培养链孢霉，这种霉菌的蛋白质含量很高，即使在糖分和淀粉含量很低的环境里也可以生成，非常容易成长。培养出链孢霉，很容易就能造出人造肉精。这些项目投入生产后，在一定程度上解决了厂里员工粮食匮乏的问题，投入市场之后也广受欢迎。

1961年算是熬过了大饥荒，人民的温饱问题基本得到了解决，粮食也有剩余，能够拨出一些来烤酒，被迫放弃的那部分窖池在停窖一年之后终于能陆续恢复生产了。按理来说，这部分窖池只停产一年，会影响窖泥中的微生物环境，不能产出同原来一样的好酒，但产酒还是没有问题的。可令人不安的是，重新恢复生产的其中几口窖池，却再不出酒了。不出酒被称为倒窖，上到领导下到基层员工都很着急。但大家首先想到的是人为破坏，为此，管理那几口不出酒的窖池的酿酒师们陆续被关了起来。但不久之后，所有之前停产的窖池都不出酒了，大家这才想到也许是窖池自身的原因，赶紧把这个情况报到省里去。有酿酒师提出，会不会是因为窖池冷了，这才酿不出酒？说不定提高窖池温度，就又能出酒了。便想出一个办法，在窖里升起火来烤窖，试图将窖池烤热，可这法子完全不管用。整个酒厂一片愁云惨雾，所有人都不知道怎么办才好。

省里得到这个消息，派了省专卖局的科长张庆文过来了解详细情况。张科长也是技术出身，曾在邯郸和赖高淮一起搞过白酒研究，对这个年轻人很欣赏。一来泸州就问："赖高淮呢，他有没有看过窖池，他怎么说？"接待人员愣了，没想到他第一句话就是问赖高淮，老实道："赖高淮在搞卫星厂，没来得及过来看。"张科长皱眉道："有技术人员不用，这不是开玩笑么，把赖高淮叫回来，化验室成立起来，赶紧分析下，看到底是什么原因。"

张科长离开后，厂里领导立刻把高淮从卫星厂调了回来，还给他配了个助手。接手这项工作，高淮立刻全身心投入进去。从前窖池正常产酒时，他就主动测试并记录了窖池的水分、酸度、窖温等相关数据，保存了窖池正常情况下的标准指标，现在只需将窖池情况重新分析一次，看问题到底出在哪个环节。尽管有原始数据做对比，但这也是一项相当费神的工作。为了尽快搞清楚老窖不出酒的原因，使车间尽早恢复正常生产，赖高淮可说是夜以继日，饿了就在食堂随便吃点儿，困了就在实验室囫囵眯一会儿。他本是最注重仪表的人，连下放车间劳动那段时间，也是上班一身衣、下班一身衣。但在解决老窖不出酒这个问题时，工人们经常看到高淮穿着西装、光着脚，仪表全无地蹲在深三米的窖池底，或查看窖泥、或思考，常常一思考就是一两个小时。

经过两个多月呕心沥血的现场调研和实验工作，老窖不产酒的真相终于被揭开了，原来是酸度出现了问题。近一年的停产使窖池里的糟粕腐烂变质，酸度增高，从而破坏了原有的庞大微生物种群体系，最终造成不能出酒的结果。但工人们从来没有酸度的概念，只有糠、水、温的概念，认为窖不出酒，问题必然出在糠、水、温这三个要素上，从没想过酸度的影响，也难怪一直查不出问题。

赖高淮分析出原因，对症下药制定了解决方案：将糟子里的黄水滴出，加新鲜水进去；并且“抬盘冲酸”，用水冲刷甑桶，采用火烤的方法，将甑桶里的水部分加热成水蒸气，使酸性物质分解，并随水蒸气冷凝，最终随着水流冲走；同时还在窖池中加碱，使酸碱得到中和，通过这些方法降低窖池的酸度。

刚开始，很多工人都不相信这套法子，觉得老祖宗传下来的酿酒技术里从没提到过什么酸度，赖高淮的这套法子简直就是胡来。他们一方面不愿意拿窖池冒险，一方面又想不出更好的办法，只好抱着试一试的态度，先拿几个窖做实验。结果这几个窖被高淮一通整治后居然全好了。工人们又是高兴又是惊讶，赶紧把这套法子普及到其他不产酒的窖池，半个月后，所有窖池都恢复了正常生产。

窖不出酒的问题被高淮顺利解决后，工人们才真正意识到化验室的作用。以前工人们都觉得烤酒是个体力活，只靠经验就行了，数据没有用。这时候才知道原来烤酒也是讲科学的，数据能够指导生产。这件事之后，当时的厂领导也真正重视起化验室来，规定车间要无条件配合化验室的日常工作。拿取酒糟来说，从前都是赖高淮自己去车间取样糟，厂领导的命令下达之后，再不用他辛苦跑车间了，都是车间主任给他送过去。每天早上，他们一大早到窖池取来样糟，送到化验室，化验室对样糟进行分析化验，做好数据记录，再根据样糟成分确定投粮数据，填好表单，等车间主任中午过来取，取了之后整个车间都按表单操作。

自此，泸州老窖正式在实践中以数据指导生产。这个举措得到了丰厚的回馈，在1963年的年终统计总结中，大家发现，全厂出酒率得到了极大提升，从前二百五十斤粮食酿出一百斤酒，将化验室纳入生产体系，以数据指导生产后，只要两百斤粮食就可以出一百斤酒了。一百斤酒节约五十斤粮食，差不多是一个成年人一个月的口粮。

年老的酿酒师傅们常挂在嘴边的一句话是：“窖池是有生命、有灵性的，你对它好，它也会对你好，还会加倍回馈你。”在窖池濒危的情况下，高淮带着他的团队拯救了窖池；窖池重新出酒，重新出好酒，也回报了整个泸州老窖酒厂。

3.

遗产保护

1964年，酒厂在化验室的基础上又成立了科研所。从市科研所调来了好几个骨干，大大提升了酒厂科研所的实力。而这时，高淮离开了一手创立起来的化验室，被调到了生技处，在生技处当技术员。

生技处管理全厂生产，每一个季度的生产要点和生产规程都需准时下发。赖高淮在白酒酿造这条路上已浸淫九年，自学酿造理论也已七年，无论是实践还是理论知识，都算掌握得比较全面了。

初到生技处，高淮便将部门内相关文件全部翻阅了一遍，发现档案柜中虽储存了各式各样的资料，其中，关于窖池的信息却少得可怜。酒厂到底有多少口窖池，这些窖池长多少宽多少，容积多大，窖龄几何，均没有确切的文字记载，底下的工人们也是众说纷纭。

窖乃酒之魂，是酿酒最重要的设备，更是老窖酒厂得以存在发展的根本，可这些窖池至今没个自己的档案记载，千秋万代之后说起它们的宝贵和神秘，子孙们也没个凭证。高淮意识到这个问题，立即向生技处处长汇报，并提出了自己的想法，认为给窖池们立档案刻不容缓。

生技处处长是个干实事的人，听了高淮的想法，觉得很有道理，第二天就拨了人手给他，开展窖池的普查工作，整理档案。每一口窖池长宽高各是多少，这个不难，用工具量一量即可得到确切数据，难的是鉴定窖池年龄。这又不像做人口普查，问问当事人就能获得想要了解的信息，窖池们不会开口说话，想要知道他们的年龄，只能通过查阅历史文献，走访老护窖工人。

酒厂一共一万多口窖池，高淮领着手下两个工作员起早贪黑，搞了半年，才将窖池的档案整理齐全。当时也有人不理解，认为高淮做的这项工作没有意义，说："窖池主要是用来产酒的，花那么多时间去量它的长宽高有什么用，你花了那么多时间搞这个事，也没看窖池多产一滴酒出来。"

跟着赖高淮的两个工作员不服气，背地里说这些人鼠目寸光、目光短浅，高淮只是豁达一笑，道："天底下哪里来那么多立竿见影的事，我们做的这个事到底有没有用，今后他们总会明白的。"

事实证明，赖高淮领头给窖池建档案不仅有用，还起了大作用，对改革开放后泸州老窖梳理自己的文化遗产做出了巨大的贡献。在白酒酿造这条路上，他总是比别人看得远。

窖池建档的工作完成后，正碰上国家科委的十年科研规划正式出台。泸州老窖酒作为浓香型白酒的开山鼻祖，在行业里地位卓然，十年科研规划中的许多白酒项目都在老窖酒厂落户。作为老窖酒厂的科研骨干，高淮也辗转于这些项目之间，先后参加了多个实验。这前前后后的实验，有失败有成功，他习惯良好，每个实验除了工作记录外，还另外做了个人笔记。在他那几本厚厚的个人笔记中，最占篇幅的是由他亲自主持进行的“人工培窖实验”。

“人工培窖”之于白酒酿造这个领域的意义，几乎相当于“克隆”之于生物学领域的意义。熟悉白酒酿造的人都知道，酿酒圈子里有句六个字的俗语——窖越老，酒越好。正是由于窖池中的窖泥在长期发酵过程中，驯化和富集大量的微生物，微生物间相互作用，才赋予浓香型白酒纯正的品味。窖池的窖龄越老，窖泥中富集的微生物越丰富，生成积累的代谢产物越多，酿出酒的酒质越醇美，这就是老窖酿美酒的根本原因。窖龄不达到三十年以上，根本不能生产出优质白酒，就像一个成年人，不经过时间的历练，很难有丰富的内涵。一口老窖池，得用时间来锤炼，很难想象新建好的窖池短时间内就能酿出好酒来。但赖高淮大胆地去想了，也大胆地去尝试了。

牛顿当年发现万有引力，是因为休息时苹果从树上掉下来，正好落在他头上。这项伟大的发现，正是因着这个契机得以诞生。1964年，赖高淮亲手设计“人工培窖实验”，也有这样的一个契机，就是1952年，老窖酒厂首次尝试窖池搬家。

泸州老窖是在三十六家古老酿酒作坊的基础上成立的酿酒集团，这三十六家古老酿酒作坊，以沱江为界，北边坐落着富生荣、裕厚祥、协泰祥等酒坊，南边则有爱仁堂、温永盛、舒聚源、定记等与之隔江而望。公私合营后，这三十六家古老酿酒作坊共同纳入泸州老窖国营酒厂，作坊因历史原因而星罗棋布，窖池也免不了散落在城区各处。为了维持酒城特殊的文化性，泸州城的规划建设一直很照顾这些分散的窖池，但也有个别窖池地理位置太过特殊，阻碍城市现代化进程中一些必要公共设施的建设。经过长时间的协调，1952年，老窖酒厂决定把城区内九口位置特别不好的老窖池搬到离城区十公里的“钓鱼台”。

当时此地正是老窖酒厂的总部所在地，叫“鱼台乡厂”，是抗战时期的酒精生产基地。酿酒师傅们把这九口老窖的窖泥搬迁到钓鱼台，在此基础上新建了十六口窖池，并把这些老窖的糟醅也同时搬到新窖做母糟使用，窖池建好后立刻投入了生产。

虽然窖泥是在原来的老泥中加入新泥，母糟也是原原本本的母糟，但养护这几口窖池的酿酒师傅们都很忐忑，不知道这十多口窖是不是能一如既往产出好酒。很快，第一轮酒烤出来了，请来最权威的老技师一尝，老技师抿一口酒咂嘴呵呵笑：“不错，还保持着大曲酒的典型水准和风格。”酿酒师傅们终于放下心来。但不久之后师傅们就发现，早前放心放得太早，从这十六口窖池产出的酒，虽前三轮是极好的，但从第四轮开始，酒质就逐轮下降。初时的酒还保持着大曲的水平，尽管总体来说要比用新鲜黄泥新建的窖池酿出的酒质量好很多，但却只能达到二曲的水平了。

大跃进运动时期，钓鱼台出现山地滑坡和下沉现象，厂里研究之后，决定把整个总部搬到市区内的小市镇，那正是当时泸县人民政府所在地。总部搬迁，才搬迁没几年的这十六口窖池也得再搬一次。这次窖泥搬家没有有经验的酿酒师傅参加，仅雇了几个挖泥搬泥的工人，做得十分粗放，窖池搬迁后，产酒的质量和产量都比过去要下降许多。

1952年，高淮还在部队里，脑子里全是保家卫国，想也没想过未来竟要与白酒酿造结缘，自然不可能参与这一年的窖泥搬家工作。大跃进时期，高淮正辗转于全国各地的白酒实验室参与各个白酒研究项目，拼命学习白酒酿造的理论知识，错过了窖泥的第二次搬家。但两次窖泥搬家留下的卷宗，却为赖高淮提供了一个契机。那正是1964年，在酿造理论和实践方面都已积累了丰富经验的赖高淮，仔细阅读着这些从前留下的卷宗，脑海中闪现出不可思议的设想：“两次窖泥搬家都是在老泥中加新泥，初时酿出的酒酒质还不错，可以看出人工培植窖泥是可行的。为什么酒质会逐年下降，这个现在虽然还搞不清楚，但如果能把这个弄清楚，是不是可以找出一种应对方法，让培植的新泥保持老泥的水准，使刚建好的新窖酿出不亚于老窖的酒品呢？”这个设想若能实现，将会怎样地扩大泸型酒的生产规模啊！高淮心中涌起一股跃跃欲试的激情。

正是在这一年，厂里需要将城区内不便操作，运输特别困难的五口窖池搬迁。高淮主动向厂里申请成立“人工培窖实验”项目组，把窖池的搬迁工作纳入该项目，当做一个课题来做。厂里很快批准，并给予了研究资金。赖高淮带领技术团队废寝忘食，天天窖池实验室两头跑，为了成功搬迁窖池，在此基础上进行了长期的攻关研究，最终制定出了三种搬迁方案。

实际上，新建一口窖池，必须要有四个步骤。首先得确定窖池的形状和大小。形状不用特别设计，为实用考虑，每口窖池都是倒置的梯形，与地面在同一水平线上的窖面和窖池底面则均是长方形，底面面积比窖面稍小。虽然形状一样，但每口窖池的长宽高都各不相同，需要在挖窖之前先行确定。确定好窖池的大小，就可以开始第二个步骤——移土了。移土之后，窖池整体呈现为一个立体梯形形状的窖坑。梯形的四个侧面被称为窖壁，底面被称为窖底。第三个步骤是在窖壁上打上竹钉。打完竹钉之后，进行最后一个步骤，在窖壁和窖底糊上保水性能特别好的黄泥。实际上，之所以要打竹钉，就是为了固定窖壁上的黄泥。了解了建窖的四个步骤，也就能了解搬迁一口老窖到底是怎么回事。

高淮带领技术团队制定出三种搬迁方案，第一种方案是把老窖的窖泥一块一块取下来，窖底和窖壁面层的泥取8厘米左右，深层的泥取10厘米左右，两种泥做好区分。先把窖壁面层的泥一块一块镶嵌在新窖窖壁的下半部分，底面面层的泥搬到新窖底面，再将深层的泥混合均匀，用原窖的黄水泼入发湿，踩踏揉熟后，以7—10厘米的厚度搭入新窖窖底和窖壁内层以及窖壁的上半部分，再迅速装入糟醅密封发酵。

第二种方案是将老窖窖底和窖壁面层的泥取下8厘米左右，用黄水发湿，踩揉备用。将老窖窖底和窖壁深层的泥取下10厘米左右，混合均匀，用黄水踩踏揉熟，以6厘米的厚度搭建到新窖的窖壁及窖底做为内层。再将踩揉备用的面层泥以3—5厘米的厚度搭建到新窖的窖壁和窖底表面，抹严清光后就可以装入糟醅发酵，这样既迅速又简便。

第三种方案，按第二种方案把老窖泥取下处理后备用，另外将选择的黏性强的新黄泥用老窖黄水发湿，再和老窖深层泥20%左右、面层泥5%左右拌糟踩揉均匀，密封在要搬迁的老窖池内发酵十五到三十天，然后取出，将其搭入新建窖池的内层约5厘米左右，第二层搭建黄水发湿的备用深层泥约3厘米左右，表层搭建从老窖取下的面层泥约两公分左右。一层一层全部搭建好后，装糟醅密封发酵。

这三种搬迁方案一一实施，但毕竟是个大工程，很耗时间。而且窖建好后，至少要把酒烤出来才能确定其酒质是否达到预期水平，烤三轮酒才能发现酒质逐轮变差的难题有没有攻克。等待结果的过程是漫长而痛苦的，后来赖高淮戏称，等这五口搬迁的窖池出酒，简直像丈夫在产房外等待妻子生产，不同之处在于等妻子生产只需要焦灼几小时，等这几口窖池却需要焦灼几个月。尽管如此，他仍是每天率领技术人员认真观察测量并做好相关记录。长时间的辛劳有了回报，三种方案的试验结果全部出来了。

实验证明，用这三种方案搬迁后的新窖比原有的老窖在容积上扩大一倍以上；从质量上看第一方案优于第二方案，第二方案优于第三方案，但第三方案使窖池容积在空间增值上达到最大。而酒质的变化则主要取决于后期的操作和养窖、护窖的措施是否有效。采用科学合理的方法对窖池进行管理维护，估计十年左右就能恢复原窖池产酒的酒质水平。

窖池搬迁取得成功，项目组的工作人员都很高兴，感觉长期的努力没有白费，大家在一起吃了顿饭，以示庆祝。可头天晚上喝的酒还没醒过来，第二天，高淮又紧锣密鼓地着手开始准备人工培养窖泥的研究。对于他来说，“老窖搬家”仅是“人工培窖”的第一步，接下来这个“窖泥培养实验”才是整个项目的重头戏。

窖池是供白酒酿造发酵的设备，窖池发酵主要是窖泥中的微生物在起作用。窖泥培养实验其实就是利用人工技术在新窖中模拟出老窖的微生物环境。

理论很简单，操作起来却异常困难。在这个实验中，高淮遭遇了无数次失败，但他没有放弃。八年前，高淮在内江参与代用品固态白酒酿造实验时，对于实验中出现的失败，他认为做一百个东西能成功一个就很不错了，执着于结果是最没道理的一件事，重要的是你在过程中学到了什么。这是一种好的学习心态，却不是好的研究心态。

八年之后，已经独当一面、自己独立主持科研项目的赖高淮认为，过程固然重要，但结果更为重要，在失败面前止步，不是智者所为。正是因为有这样的研究心态，高淮带领着身后的技术团队永不言败，克服了重重困难，终于取得“人工培窖”项目的最后成功，能够在一定程度上模拟出相当有水平的微生物环境了。当然，对于老窖池的微生物环境，因其庞大和不可探知，人工培窖是无法达到很好的效果的。

“窖泥培养实验”虽然取得了成功，但利用人工培窖技术在新泥中模拟老泥的微生物环境并不能完全促进窖泥的老熟，这是技术本身固有的一大缺陷。高淮反复琢磨，又研究出一种“以糟培窖、以窖养糟”的辅助技术。实际上，从窖池里酿出的酒，酒质是好是坏，不但与窖池有关，与糟醅的质量也有重要关系，它们是相辅相成的两个方面，窖泥的不断老熟，在酿造过程中促进糟醅质量的提高，而糟醅质量的提高，又促进窖泥的老熟。“以糟培窖、以窖养糟”就是说，要想在使用中加快窖泥的老熟，就必须设法提高糟醅的质量，同时也要继续加强对人工培养的窖泥的保养和维护，这样双管齐下，就能大大缩短人工培养窖池的老熟时间。

除了“以糟培窖、以窖养糟”这两项重要的技术外，高淮和工作人员们还研究出一种“分层回糟”的发酵技术，这种技术能加速新窖糟醅的成熟，促进产酒质量的快速提高。

人工培窖实验的成功，之于浓香型白酒的酿造来说，意义是划时代的。相关技术的推行，更是成为白酒行业里重大的、具有里程碑式意义的革命，大力推进了白酒产业的整体发展。也正是因为这个实验，奠定了赖高淮在白酒酿造领域里独一无二的地位。这一年，他刚三十出头。

4.

52° 酒的起源

泸州大曲酒从1953年开始出口，由香港转销世界各国，年销售量大约50吨。欧美消费者们常喝的白兰地、威士忌均是43度左右，习惯了这种口感，对于太高度的酒接受起来并不是那么容易。

那时出口到国外的泸州大曲酒酒度是60度，算是极烈的酒种了。喝惯了43度酒的外国消费者们对中国蒸馏酒的这种烈性很不适应，但又抗拒不了来自东方的异国风情的魅力，多次反馈希望中国能出口更低度数的白酒到国外市场上。

这其实是一个难题。因为中国的白酒虽和白兰地、威士忌并称为世界三大蒸馏酒，降度却并不像白兰地和威士忌那样简单。中国白酒，若酒度下降到55度或50度以下，就会出现白色浑浊；当酒度提高或温度上升后，酒体又会变得透明澄澈。不同酒种临界点并不相同，例如当时的泸州大曲酒，若酒度下降到55度以下，必定变得浑浊。这虽然只是一个单纯的物理现象，绝不会影响到酒质，但会让消费者产生误解，认为所买的酒是不合格品，存在严重质量问题。所以，中国白酒向来规定，各个厂家生产的白酒，其酒度必须保持在55—65度之间。

从外国市场上得来的反馈提醒了食品工业协会，中国不能永远生产不出低度白酒，但要生产低度白酒，首先得找出在降度的同时保证酒体不浑浊的方法。基于此，国家特别拨出经费，成立了一个课题组，聚集了行业内顶级的专家学者，共同攻克这个课题。赖高淮也被邀请加入这个课题组。

这是这么多年研究生涯中他遇到的最单调的实验，也是最需要细心和耐心的实验，各个环节的操作都十分简单，但因为降度得一度一度地调整，于是简单的操作便需要反复进行，往往一反复就是一天，反复的结果还常常是失败。这样的实验过程无疑让人沮丧。许多研究员都被折腾得满腹牢骚，高淮却耐性奇好。同事问起他，他乐呵呵道："我觉得我们还是挺成功的，至少证明了很多方法对于这个实验都是没有作用的嘛。"这是长期的历练才能锻炼出来的乐观心态。

通过不断的调度试验，终于可以把泸州大曲酒的酒度从60度下降到52度，看着烧杯里澄澈的酒液，高淮乐坏了，立刻向厂里传达这个喜讯："实验成功了，我们终于能做出52度的酒了，中国人能喝这个酒，外国人也能喝这个酒！"

从此，国内消费的泸州大曲酒又多了一个52度的新品种，随后普及到全国各白酒企业，同时推向国外市场。

但这并不是最后的成功，为了能将白酒酒度降到更低，实验仍在继续。这个庞大的科学项目前前后后进行了不下百次的实验，耗时近十年，许多科学家、技术人员、酿酒技师参与其中，赖高淮也是其中的一员，并一直把这个项目做到了最后。

5.

"文革"之伤

1966年到1976年，"文化大革命"在全国范围内刮起一股飓风。年轻的共和国酿出一场长达十年的动乱，从那个时代过来的中国人，大多还能记得这十年动乱带来的灾难和伤痛。

酒城泸州那时候也不太平，学生罢课，工人罢工。泸州城的大街上，几乎每天都有械斗导致的流血事件发生。

在这个特殊的时期，出身变得敏感，每个人的言行都变得谨慎。很多人被打成走资派，天天游街示众。泸州城里有个戏班子，戏班子的女老板被抓起来批斗，每次批斗大会，脖子上都挂一串破鞋。

赖高淮也难逃厄运。他本就出生于资本家家庭，搞的又是知识分子的科研工作，立刻被划分为五类分子。五类分子是当时对政治身份为地主、富农、反革命、坏分子、右派这五类人的统称，书面上称五类分子，外面人都叫"黑五类"，是个明显带有歧视意味的称呼。除高淮以外，厂里七个和他出身相似的科研工作者也被归为五类分子。八个人组成一个小组，被抽调到营沟头的车间劳动。上面的意思是，要对他们进行劳动改造。

他们下放的车间是营沟七组，全厂地理环境最恶劣的地方，位于车间的制高点——一座土包山上，生产用的水、煤、原料辅料等，都得靠一双肩膀下山挑。和他一起下放的几个同事哪里干过这个，几天劳动下来，被折腾得不成人样。但50年代"知识分子劳动化"时，高淮在车间坚持到了最后，早已习惯各种高强度的劳动，这点强度对他还真不算什么。组里的同事们纷纷抱怨，高淮只是听着。后来赖高淮从厂里退休，陪着孙女看电视，看到武侠片里少林弟子靠去山下挑水来锻炼武功，还能和小孙女开玩笑："当年爷爷也这么练过武功。"他说的正是"文革"这段时间里被下放到营沟头劳动的经历。

"文革"中期，许多年轻人都跑去造反，那是最混乱的年代。

碍于形势，高淮他们几个"五类分子"的劳动改造也提早结束，但厂里并没有让他们恢复工作。几个同事都是患难与共过的，即使结束劳动改造的日子，一起离开营沟七组车间，也时常聚在一块儿聊天喝茶。

这段时间对八个科研工作者来说是空白的，他们不敢有明确的政治立场，不能去造反，同时也不用工作。人一旦做惯了事，就闲不住。很多年没有这样闲下来，高淮提议，八个人正好可以把手里掌握的白酒理论知识理一理，留下书面材料，也好培养后继的研究人才。同事们都觉得这是个不错的主意，纷纷赞同。虽然不知道什么时候才能再回到科研岗位，但在这个大家普遍进行无意义政治斗争的时代，好歹他们算找到了一件有意义的事来做，而且是件意义重大的事。此后，聊天喝茶的聚会变成了讨论酿造书籍编写的聚会。

有一天，为了出第一期《四川省名曲酒勾兑、尝评调味技术培训班资料》，几个同事正在高淮家里讨论有关白酒勾兑和尝评方面的问题。大家正讨论到激烈处，突然，几十个戴红袖章的年轻人气势汹汹闯进来，不由分说，一群人几个按一个，将他们制伏后挨个儿反扭着一路带到革命委员会。几个人都不知道怎么回事，面面相觑，革委会的人当着他们的面大声读了一封检举信，他们才知道，原来是有人打了小字报，说他们这几个人是走资派，经常非法集会，要预谋搞破坏。

集会是有的，但预谋搞破坏却是没影儿的事。没有充分的证据，仅凭一封捏造的检举信，很难将他们定罪。革委会没有办法，只好放人，但放人之前，一定要他们每个人写一份检查。

高淮出生于资本家家庭，赖氏家族随着时代的变迁发生过翻天覆地的大变动，他本人又是在战场上直面过生死的，少年时代就看开了人生沉浮，家庭和个人的经历令他早早养成了宠辱不惊、能屈能伸的性格。然而，也正是因为家庭出身的原因，无论什么事情都能淡然处之的赖高淮，唯独在面对有政治倾向性的问题时，会有许多不容动摇的原则，比如固执。

在革委会关了一天之后，其他七位同事陆续写了检查，被放了出来。但赖高淮拒不写检查，说欲加之罪何患无辞，没做过就是没做过，凭什么要写。革委会主任本来就看高淮不顺眼，听了这些气不打一处来，张口就骂了赖高淮一些很难听的话，说他是走资派的走狗，是地主阶级的孝子贤孙。这些话彻底激怒高淮，两个人拍着桌子对骂，也不知是谁先动的手，一来二去就从唇枪舌剑演变成了大打出手。革委会主任是个中年人，长得又小又瘦，坐惯了办公室，没什么力气，哪是身材魁梧又当过兵的高淮的对手，三两下就被打趴在地上了。这下麻烦可惹大了。革委会主任不可能善罢甘休，当下扣给高淮一顶大帽子，说他敢殴打革命委员会的官员，是在藐视革命，破坏革命活动，果然是个走资派。

赖高淮被打成走资派后，常被拉去批斗游街。批斗队伍中，他是最与众不同的一个，头发梳得纹丝不乱，身上的衣服也总是整洁妥帖，脸上神情不卑不亢。朋友劝他："你就写个检查吧，服个输不就没事了，何必要跟他们较劲，到头来还不是你吃亏。"高淮道："我没做过的事非让我认，天下哪有这样的事，他要往我身上泼脏水，没关系，我自己知道我是白的就可以了。"

尽管一再地被游街批斗，高淮仍拒不写检查，最后由酒厂的领导出面做保，将高淮发派到养牛场劳动，这件事才算平息。

70年代初期，厂里新建了一批窖池，赖高淮被调去管理新窖。新的工作地点远离主城区的喧嚣，反而安宁。管窖池的工作并不繁琐，这小小的一方天地就像是从这个疯乱的大时代里辟出来似的，没有造反、革命、抄家，更没有游街和批斗。高淮充分利用这段时间，根据以往做的笔记，将已经获得的实践经验和理论知识结合起来，编写了两百多万字的资料。《泸型酒生产工艺学》（上、中、下册），《大曲制造工艺学》、《大曲微生物的培育与利用》、《微机架式制曲研究》等，都是在这个时期完成的。这些资料，有的已由出版社出版，大部分由四川省酒类专卖局翻印成册，发放到全国各名优白酒企业作为培训教材使用。

第六章 三千桃李

三千桃李

七十载金牌不倒

让传统技艺活得更好

从国际酿酒大师到中国酒圣

1.

三千桃李

“文革”结束，赖高淮被调回生技处，这一年他43岁。自21岁投身白酒酿造以来，已经有二十二个年头。

在这二十二年里，他勤奋务实，兢兢业业，掌握并不断探索白酒酿造的奥秘。他对白酒酿造贡献良多，独自主持的好几个实验，在行业内享有盛名。他开创的数据指导生产的工作思路及工作方法被推广到全行业，将传统酿造技艺与现代科学结合起来，使白酒产量得到极大提升，并完整地保持了古法传统酿造的活性和原生态特性。

人人都说赖高淮有真才实学，是酿造专家，传言他重回生技处一定能提上处长这个位置。可“文革”虽然过去了，残余的一些阴影毕竟还存在，政策不是朝夕之间就能改变的。两年来，酒厂里掌权的领导频繁变动，派系斗争就像吃饭喝水一样常见。在这样的环境里，他一直没能得到提升。周围的人多有为他打抱不平的。但经历过“文革”的伤痛，高淮自己对世情看得倒更是通透，

不管别人怎么说，只埋头写自己的书，做自己的学问。

高淮常去省里做实验，和省公司的关系不错。省公司的人觉得他是个难得的人才，酒厂这么对他不地道，大家一起吃饭的时候，时有惋惜。

1978年，省公司要成立一个酒类研究所。这个研究所主要任务是办培训班，好为国家培养更多的酿酒技术专门人才。研究所成立好了，该置备的物件也都置齐了，万事俱备，只差一个能压得住台的所长。这个压得住台并不是说威风，而是说有真才实学，既要懂酿造理论又要有丰富的生产实践经验。为了选所长，省公司的领导们还专门开了个会，但人选几乎是立刻就确定的，大家都认为赖高淮合适。

开春，省公司的函件就下给了酒厂，希望把高淮调去新成立的酒类研究所。酒厂已经同意了，但当时泸州市归属宜宾管辖，国营酒厂里走人留人还需要宜宾那边相关的管理单位点头。前期工作做得很顺利，大家都以为这件事八九不离十了，却没想到在宜宾这里碰钉子。管理办的主任找高淮谈话，问他是不是真的不想继续在酒厂工作。高淮苦笑："我高中没毕业就在老窖酒厂了，酒厂对我不薄。我对酒厂感情也很深，并不想离开，只是想寻求一个过渡而已。"管理办的主任表示理解，却并不想放他离开，很快，将他从酒厂调到了宜宾名酒办当科长。高淮人到了宜宾，却无论如何也不愿将关系从酒厂转到宜宾去，他那句话并不只是说说，他的确不想离开酒厂，是真的对酒厂感情很深。一半是家风使然，一半是自身坎坷的经历使然，高淮做人素来正直，从不说面子话。管理办的主任没想到他对转关系的事这样执着，再说不将关系转过去也没什么太大影响，也就由着他去。

在宜宾待的时间并不长。省公司求才心切，一心认为酒类研究所所长的位置非高淮不能胜任，一年之后，愣是将他从宜宾那边借调了过来。

1979年，赖高淮到成都之后，酒类研究所立刻开始招生办学。先是在邛崃办了第一期地方性的培训班。第一期刚刚结束，又紧锣密鼓在成都筹办了第二期。这一期的培训班开始正式针对全国招生。不久，宜宾地区也知道赖高淮在成都开班教学，于是也在宜宾办了一个酿酒技术培训班，请他过去讲课。

师者，传道授业解惑也。课堂上，高淮不仅为学生们传道授业解惑，还同他们分享自己的人生经历，教他们做人的道理，端正他们做事业的态度。学生们谈到他，也常说，没有哪一位老师像他这样又有学识又亲切和善的。他生产经验丰富、知识储备扎实，言谈生动幽默，说话时自有一种风度，很多学生私底下都很崇拜他。

1979年到1983年，赖高淮当了四年的老师，办了无数期培训班，培养了不计其数的白酒酿造人才。五粮液、剑南春、全兴、郎酒、洋河、双沟、古井贡、沱牌等名酒厂里很多总工或工程师都是他的学生。第五届全国评酒委员会招考评委时，仅在四川地区，他的学生里就有十个考上。同期考上的其他评委，则有好几个都是他学生的学生。那一届全国评酒委员会的评委，有一半都出于赖氏门下。这是非常了不得的。孔圣人门下有三千弟子，经赖高淮指点过的白酒酿造技师也已三千有余，全国浓香型白酒企业里的总工程师都是他的学生，是真正的桃李满天下。

80年代，行业里提起赖高淮，都尊称一声“赖大爷”。这是北方方言里对人的敬称。正可看出赖高淮在行业里的声望和地位。

1983年，宜宾和泸州分而治之，市里要重新调整酒厂的领导层，决心大力提拔知识分子。此前，知识分子在酒厂的发展一直不太好，也因此让不少人才流失。这一次，厂里要重新选拔干部了，许多人都跃跃欲试。高淮却什么都不知道，此时的他已离开泸州四年，心无旁骛地在成都招生办学。幸好，市商业局一个局长曾兼任过酒厂党委书记，一直很器重他，逢到提拔知识分子的政策下来时，立刻给市里打了个报告，推荐赖高淮担任酒厂分管生产的副厂长。

9月，赖高淮从省里调回酒厂，担任常务副厂长，分管酿酒生产。

这个从实验室和车间里成长起来的副厂长既有学识又有经验，知道该怎么样搞生产，知道怎么样才能搞好生产，工人们都很信任他，生产上遇到不懂的问题，总爱说：“去找赖厂长，这个问题赖厂长肯定晓得。”那时，赖高淮49

岁，在酿酒生产这一块儿上的威望无人能及。

2.

七十载金牌不倒

赖高淮担任副厂长时，厂长是个叫万东的年轻人。万东是那一届省委书记杨汝岱的秘书，下放到酒厂来锻炼。他思维开阔，为人热情，充满干劲，对许多事物的看法与高淮不谋而合，两人在工作上配合得很默契。

1987年，万东了解到泰国和香港同时举办国际饮料食品展览会，他将这个消息告诉了高淮。自1915年巴拿马太平洋万国博览会以来，中国白酒就再也没有拿去国外参展过，也不知道国外友人是否已经忘记了古老的中国有这样一种神奇的饮料。两人在办公室里一商量，觉得这是个时机，决定将泸州老窖酒分别带去香港和泰国参展。万东当即给展览会那边写了封信申请。不久，香港和泰国分别发来邀请函，邀请泸州老窖酒厂参展。

前去参展的工作人员就三个：厂长万东、副厂长赖高淮，还有一个叫刘德世的年轻员工。高淮精选了几十瓶老窖酒，装在背篼里，三个人一路背着去香港。万东体力不好，背得少一点，高淮和小刘背得多些。结果到了香港展场才发现，整个展场就是一间一间隔开的小屋子，屋子里什么都没有，展柜展台等全都得靠各参展单位自己准备。面对着空荡荡的展位，三个人发了愁，这儿连张桌子都没有，带来的酒该怎么摆呢？想了半天，突然想起香港有个做酒类经销的销售公司在卖泸州老窖酒，也许可以找他们帮帮忙。

赖高淮找到这家公司，顺利借到一张桌子一个玻璃箱。玻璃箱子上正好镶了一块大玻璃，取下来简单一搭就是个简易展柜。三个人将展位随意布置了一下，就在香港展览了。香港的展览会一闭幕，泰国那边的展览会又紧锣密鼓地开幕，高淮他们又赶紧背着酒去泰国。吸取了香港这边展览的教训，可想而知泰国那边应该也没有展台和展柜，桌子是带不走了，三人商量了一下，决定把玻璃带过去。于是买来箱子，将酒放在下面，上面搁上玻璃，铺上报纸，再把箱子盖好。因为带的全是酒，还有几块大玻璃，安检时大家都很忐忑，害怕不让他们过关。哪里想到机场工作人员打开箱子检查时，一眼看到报纸上躺了一本书，这本书是小刘在书摊上买来的禁书，不允许市面流通的。安检人员二话没说将书收缴，也没翻开报纸看看下面还有什么，箱子一盖就算检查完毕。三人顺利过关。上飞机时，高淮舒了一口气，对小刘道："幸好你买了那本书。"

泰国国际饮料食品展览会终于开幕了。在香港的展会上，因为想到参展的酒还要带到泰国再展出一次，不能开封，所以由始至终都只是产品和包装的展示。泰国展会再无后顾之忧，高淮他们把酒打开，倒在从泰国当地买的小酒杯里，请参观的游人都来品尝。游人们品尝了之后，觉得酒好，也就毫不吝啬的给与了赞美，还有人问他们这酒卖不卖，想买几瓶带回家。亲眼见到外国人也喜爱中国的白酒，三个人都很高兴，但是酒自然是不能卖的。总共只带了几十瓶过来，卖了可就没有了。

当时有个台湾的食品公司也来参展，就在高淮他们展位的对门。这些人很爱喝酒，游客少的时候会拿很多糖过来送给他们，他们就请这些台湾朋友喝酒。在短短几天的展会中，两拨工作人员结下了深厚的友谊。

展览结束后，出乎高淮他们预料的是，在颁奖仪式上，组委会竟将金奖授予他们，称中国的白酒酿造是神奇的技艺，酿出的美酒是玉液琼浆。拿过奖杯，一行三人还是很懵懂，不知道为什么就能得到这么宝贵的奖，他们的展位布置得也不精美，带过来的产品也不是特别丰富。后来才有知悉内情的人告诉他们，展览会期间，大会组委会的成员们也随着游客来一起品尝过了他们带来的泸州老窖酒，正是因为如此，才将这届展会的最高奖"金鹰奖"颁给了他们。

高淮亲自将此前买来装酒的那个箱子整理出来，铺上绒布，将奖杯放进去。三人从泰国飞回香港，预计当天晚上转机回重庆，再由重庆回泸州。虽然行程安排得紧凑而辛苦，但大家心里都感受到了极大的满足，还有浓浓的自豪。从1915年几家酒厂在美国共同获得巴拿马万国博览会金奖，直到七十二年后的今天，期间没有哪一家酒厂再获得过国际大奖，泸州老窖成为一个破冰者，且一举就夺得最高奖，怎能不让人激动？

三个多小时后，飞机在香港国际机场降落。从机场处取得行李，高淮一件一件打开检查。其他的行李一件不少，揭开原本装奖杯的箱子时，一看，却连奖杯的影子也没看到，都是些男人的衣服和日用品。呆愣了好一会儿，才反应过来是和别人拿错行李了。好不容易得来的奖杯却被弄丢，还有什么面目回去见厂里的父老乡亲。三个人都很着急，立刻和机场那边联系，请机场一定帮他们将奖杯找到，原本预定当晚飞回重庆的计划也推迟了。临时找不到睡觉的地方，就在候机大厅里休息，虽然很累，但奖杯一刻不找到，谁都睡不着。

结果到半夜两点过的时候，拿错行李的乘客主动找到机场来了。乘客是个四十多岁的中年人，他自己的箱子里除了衣物以外还有些很重要的文件，回到家打开行李一看是个奖杯，自己的衣服和文件不知道去了哪里，也很着急，才急急忙忙地赶来机场，希望能有一线希望找到自己的行李。

后来万东还常和人说起这件事，说当时要不是高淮心细，取到行李后记得检查一遍，七十二年之后重得的金奖指不定就消失在茫茫人海中了。

高淮的细致，正是他在实验中培养出来的好品格。

回到泸州后，高淮和万东商量，又立刻在北京筹备召开了一个新闻发布会，主题是“七十年金牌不倒，三百年老窖飘香”。这个新闻发布会在全国的影响都很大，因为泸州老窖是新中国成立后第一个在国际上获得荣誉的酒厂。

赖高淮成为泸州老窖酒厂厂史中为人深刻铭记的一任副厂长，并不只因他在白酒酿造技艺上的造诣，还因他目光的博大与广阔。是他和那一任的厂长万东一起将泸州老窖酒在时隔七十二年之后重新推向了国际。让世界能够重温东方神奇的酿酒技艺。

1987年，泸州老窖的税利成为全国第一，四川其他五家名酒厂加起来的总和都及不上。

3.

让传统技艺活得更好

提起六分法，首先想到的应是刘歆所著《七略》。据传西汉时，因书散乱，成帝下诏校理五经秘书，刘向受诏著有《别录》，其子刘歆著《七略》补充之，正式将图书分为六艺、诸子、兵书、数术、方技、诗赋，此为图书管理学上的六分法，流传久远，众所周知。

此书所说的六分法，却非关图书管理，而是赖高淮在80年代末发明的白酒酿造工艺六分法，即：分层投粮、分层发酵、分层堆糟、分层蒸馏、分质摘酒、分质并罈。

六分法的创制契机来源于多香型白酒的研发实验。这是年近六十的赖高淮在退休之前主持的最后一个实验项目，主旨是想尝试将浓香、清香、酱香等各种香型白酒搭配在一起，对它们的工艺去粗取精，看能不能组合出一种口感舒适的新口味白酒出来。

实验之前，高淮不仅对各名酒厂的生产工艺进行了统一的研究总结，还对各道工序的优缺点做了深入透彻的分析，并留下大量笔记。比如浓香型白酒中泸州老窖的“原窖法”和川内另一家浓香型名酒厂的“跑窖法”。

糟醅是重要的酿酒原料，窖池是糟醅发酵不可缺少的容器。所谓“原窖法”就是指“原糟回原窖”，从哪一口窖池里起出来的糟子，蒸粮丢糟之后仍然回归哪一口窖池，日复一日，年复一年，有多老的窖，就能在里面寻出多老的糟。众所周知，糟子都是越老越好。因自古流传下来的原窖法的应用，使一口上百年的窖里，至少能找出一粒上百年的糟，就是所谓的“千年老窖万年糟”。由此，酒的质量对窖的质量要求很高，这个窖产好酒，必然永远都是产好酒，产出的酒不好，要不就是窖出问题了，要不就是工艺出问题了，非常好总结经验，从而推进工艺的进步。同时产出的酒合格率也很高，倘若是一口上百年的老窖，产出的酒能达到80%的合格率，即使是口一般的窖池，合格率也能达到50%。

所谓“跑窖法”则是指糟醅在多口窖池之间跑动，一窖的糟子蒸粮丢糟之后可能回二窖、三窖，二窖的糟子蒸了之后又可能回三窖、四窖。这样不太方便工艺的总结，因糟醅总是在跑动，变量太大，并且糟醅越做越差，经常一个窖里好的底糟在蒸粮丢糟之后投到另一个窖里变成中糟或面糟，再经过新一轮发酵，这层中糟或面糟发酵条件没有底部的底糟好，原先的这部分底糟本来可以做得更好的，质量在此就停滞不前了。尤其是老窖里的老糟在跑窖法的工艺过程中被“跑”到新窖中去，同理所述，糟醅的质量不仅不能更上一层楼，还会越做越差。

但是跑窖法有一个谁都赶不上的好处——它可以做到分层蒸馏——将窖池中的面糟、中糟、底糟分别蒸馏，底糟蒸出的酒比中糟好，中糟又比面糟好，这样蒸出来的酒谈得上是精益求精的。并且，底糟酒本来就很好了，配合分段摘酒的工艺，将底糟酒分头、中、尾三段来取，只要头段酒和中段酒，后段酒舍弃不要，可以酿制出质量特别精良的好酒来，这是其他白酒生产工艺都无法达到的。但这样也有缺点，其一是一口窖池产出的酒合格率特别低，好窖池的合格率大约能有10%，差一点的窖池就只有5%了，十分浪费粮食。其二是窖池被打开之后，因跑窖用的时间长，经是三四天都封不了一口窖，使得发酵水分极其缺乏，生产出的酒毫无窖香可言。

可见原窖法和跑窖法各有优劣。

高淮将“原窖法”和“跑窖法”结合到一起，汲取了“跑窖法”中的“分层蒸馏”，将之运用到泸州老窖酒生产的“原窖法”当中来，通过分层蒸馏，用底糟酿出精益求精的高质量泸酒，并予以改良，增添了分层投粮、分层发酵、分层堆糟的工序，确保糟子依然能够原糟回原窖，窖池在打开之后能于二十四小时内重新封闭，保证充分的发酵水分，产出的酒不仅质量更上一层楼，还依然能保有浓郁的窖香。

六分法的发明使泸州老窖酒的品质更上一个台阶，而在那个时代，大多名酒厂皆固步自封，泸州老窖酒厂是大力改良革新酿造技艺的第一家名酒厂，取得的成功被业界广为传颂。多年后提起这桩旧事，赖高淮笑道：“六分法刚提出时也有人反对，说我们现在用的这套法子是老祖宗传下来的，怎么能说变就变。我说这不是变，这是改良。1324年，我们老窖酒厂的老祖宗郭怀玉发明了甘醇曲，酿制了第一代浓香型大曲酒，也是经过后世子孙的再三改良才成为现在这个形态的。你想想，要是郭怀玉酿出第一代大曲酒，后面没有施敬章、舒承宗的革新和总结，老窖酒哪里能像现在这么口感丰富，回味悠长。祖宗把这门技艺传下来，我们作为一个合格的接班人，得这么来想：活的东西你得让它继续活，不仅要继续活，还要活得更好，这就要你来创新和改良。这也是当初研制六分法的初衷。”

4.

从国际酿酒大师到中国酒圣

90年代，酒厂已经很有声望。

1992年，国际质量管理年会在美国召开，四川省质量协会受到邀请，准备组团参加。赖高淮也被邀请到这个团里，作为白酒质量管理的代表赴美国参会。巧的是，那时他正好完成一篇化验数据指导生产的论文。省质量协会觉得可以将这篇论文拿去美国的年会发表，于是，找来专业翻译，专门将其译为讲稿。

年会举办得很成功，论文也在会上顺利发表。参会人员们听过演讲，都很惊异，第一次发现中国白酒原来蕴藏了这样多的奥秘，有这样高的质量水准。

年会的最后一个程序是颁奖。大会使用英语作为官方语言，司仪自然也是用英语颁读奖状，上面说什么，团里没一个人听得懂。百无聊赖之时，突然听到从司仪口中叫出“赖高淮”这三个字。高淮以为是自己听错了，没在意，没想到司仪又喊了一句他的名字。团里随行的同事率先反应过来：“赖老，好像是请你上台领奖。”高淮觉得诧异，懵懂上台，司仪热情地将奖状递交给他，还说了几句似乎表达恭喜的话，周围的人也给以热烈掌声，但这些举动的含义是什么，高淮却没有弄懂。

奖状上密密麻麻全是英文，随行的人都不知道上面写的什么，高淮推测，大约是颁给酒厂的一个关于质量管理的奖状吧，他将它好好收起来，打算回去之后就交给厂里。

从美国回来，高淮把奖状拿出来，和厂长说起这件事。厂长让一个新进大学生将奖状翻译出来。大学生接过奖状一看，立刻道：“哎呀，赖老，你这个可不得了哦。”这时候，才知道这奖状并不是颁给厂里的，而是颁给他个人的，是中国唯一的国际酿酒大师。

面对这样的殊荣，高淮并没有想象中的激动，表现得相当平静。相对于他的平静，厂里倒像是一锅滚油浇进了冷水，当即炸开了锅。国际酿酒大师，这代表什么？连外国人都喜欢我们的酒，连国际社会都认可我们的酿酒技术！厂里立刻将这个好消息通报了市里，市里也很轰动，在年终总结会上特别通报了这件事，给与了高淮正式的表扬和嘉奖。

赖高淮的国际酿酒大师之名很快传遍整个业界，此后，全国名酒厂来泸州老窖取经的人更如过江之鲫，不胜枚举。大家都以能得到赖大师指点为荣。面对虚心前来的求教者，高淮总是热情接待，认真且充满耐心地解答他们的疑问。

1993年10月，时任国家主席的杨尚昆同志，在省长肖秧、省委副书记郭金龙等领导的陪同下前来泸州视察。杨主席来到泸州后，点名要看看泸州老窖，市里就安排最懂酒文化和酿酒生产的赖高淮来接待。

杨主席在泸州老窖驻留了两个多小时，不仅参观了窖池、生产车间，还参观了营沟头的广场，即今天的国窖1573广场。高淮全程陪同，亲自为杨主席解说泸州大曲酒的历史渊源和操作过程，什么叫“回马上甑”，什么又叫“看花摘酒”。主席听了很感兴趣，问他：“你们这里一天能出多少酒啊？每个车间工作时间都是多长啊？”高淮一一作了回答。离开酒厂生产车间时，杨主席还赞叹道：“老窖不愧为老窖，名不虚传！”

参观完老窖，杨主席又到市里接见泸州市的市级干部。高淮当时是泸州市的政协副主席。会议室里，市长向杨主席挨个介绍市里的干部，介绍到高淮的时候，杨主席笑道：“这个我认识，是泸州老窖的总工程师嘛。”市长笑道：“您不知道，他不仅在泸州老窖酒厂有名望，在国内都很有名望，有三千多的弟子，几乎都是全国各酒厂的骨干。”听完市长的介绍，杨主席笑言：“那不是成了酒圣了嘛。”

自此，高淮又多了个酒圣之名。

第七章 人生无退休

人生无退休

勾调的酒不是好酒？

评酒非品酒

风流人物，还看今朝

1.

人生无退休

1995年的春天来得很晚，到3月，南方的寒意才渐渐退去，气温一日一日高起来，春风拂过长沱两江，暖意融融。四十年前的这个时节，赖高淮刚刚踏进酒厂，投身白酒酿造业，风风雨雨，一晃四十载，当时的青葱少年，如今也已年满一个甲子，年近古稀。

赖高淮退休了。辛苦了大半辈子，本该好好歇一歇，尝尝含饴弄孙之乐，享享清福。但赖高淮并不觉得退休应该为自己的事业画个句号。退休之后的赖高淮仍跋涉在白酒酿造这条路上，并且几乎是立刻就开始了新的研究项目。

这个研究项目是醇净酒的开发与研制。酒的主要构成成分是乙醇，醇净二字顾名思义，就是研发的这种酒里除了乙醇以外其他的什么醇类物质都不含有。按照生产工艺来区分，白酒有固态液态之分，固态白酒是采用粮谷做原料，经粉碎后加入曲料，在泥池或陶缸中自然发酵一定时间，经高温蒸馏生产出来的白酒；液态白酒则是以含淀粉、糖类的物质为原料，经糖化发酵蒸馏而得的食用酒精为酒基，再经串香、勾兑而成的白酒。

90年代中期，液态白酒风靡整个白酒市场，但因工艺问题，这种酒里除了有益成分外，还含有一些有害物质，比如糠醛、甲醛、杂醇油等。如何去除液态白酒中含有的有害物质，就是赖高淮醇净酒实验所要解决的问题。

其实并不是所有的液态白酒都含有有害物质，例如俄国的伏特加。伏特加是从俄语中“水”一词派生而来，最开始是用小麦、黑麦、大麦等做原料，经粉碎、蒸煮、糖化、发酵和蒸馏制得优质食用酒精，然后将酒精加水稀释，制成酒精和水的混合物，经第一次过滤、活性炭处理、第二次过滤，调制出规定的酒精浓度，最后装瓶出售。除此之外，也有以马铃薯为原料来酿造的。但伏特加酒却可以做到不含有害物质，口感很甜、很醇。

正因这个原因，从前伏特加酒一枝独秀，风行整个苏联，在20世纪90年代，已漂洋过海征服整个欧美。赖高淮的醇净酒实验洋为中用，将伏特加的工艺方法大胆应用到中国式液态白酒的研制当中，同时还将中医学引用到白酒酿造上，加入中药剂等有益物质，增加了白酒中酸、酯、酚等有益物质的含量，同时丰富了液态白酒的口感。

该实验历时两年多，最终取得成功，获得泸州市科技成果二等奖，市里的领导在颁奖时笑道：“赖老你都退休了还在搞科研，很不容易啊。”赖高淮也笑道：“对我来说，酿酒就是人生了，你说人生有退休这个说法吗？没有嘛。”

2.

勾调的酒不是好酒?

1998年，山西爆发了特大假酒案，造成二十余人死亡，给整个社会带来极大恐慌，在白酒行业里也造成极大震动，影响不亚于一场八级地震。一时间，人人谈酒色变。

虽然媒体报道中明确指出，这起致多人死亡的案件是因山西文水县一个农民用工业酒精加水勾兑出假酒来牟取暴利，之所以害死人，其实是工业酒精害死人，但众口相传，只要与这起案件相连的关键词都成为了洪水猛兽，比如酒精，比如勾兑。

在大多数人矫枉过正的意识里，只要是“酒精加水”那就是不好的。哪种酒是用“酒精加水”这个法子做出来的，它就是假酒。但“食用酒精加水”却是液态白酒酿造生产工艺里不可或缺的重要一步。白酒酿造工艺复杂又细致，消费者们不能了解也无可厚非。因饱受假酒危害的消费者们坚决不能认可“酒精加水”做成的酒，很多生产液态白酒的厂家没有法子，为了产品能卖得出去，昧着良心宣扬自己的酒是纯粮全固态酿造，只因固态法是白酒酿造在本土土生土长起来的传统酿制古法，一直备受业界推崇。但新型白酒和固态白酒之间必然存在着口感差异，这样混淆视听，其实很不利于白酒业的良性发展。既不利于传统的固态白酒发展，也不利于新兴的液态白酒的发展。

面对假酒案及其带来的行业发展困境，赖高淮陷入了深思。他觉得之所以会出现如此恶劣的假酒案，完全在于整个社会对白酒酿造工艺的蒙昧。很多人以为新型白酒就是简单的酒精加水加香料，门槛低，谁都可以来勾兑。却不知道酒精分为食用酒精和工业酒精，两者都有芬芳扑鼻的香味，前者可以饮用，后者饮用了却是轻度失明重度致死。而且即便道理是这样，新型白酒的本质就是酒精加水加香料，可这就像炒菜一样，谁都晓得炒一道青椒肉丝需要哪些材料，可不是你知道了这些材料就能把这道菜炒得好吃。同时，对于新型白酒在假酒案之后的备受打压，赖高淮也觉得很忧虑。这些都是性情使然，他从20岁开始投身白酒酿造行业，对他来说，酿出好酒很重要，但这个行业发展得怎样，又在朝着什么方向发展，他也一直十分关心，这是四十年浸淫其中养出的强烈的行业使命感。

山西假酒案风波过去之后，赖高淮开始写作《新型白酒的勾兑技术与生产工艺》，希望以此书来纠正整个社会对新型白酒的错误观念。

在泸州老窖酒厂的四十年，赖高淮一直奋斗在酿酒生产和科研的最前线，自然也是行业内最早接触新型白酒的一份子。事实上早在60年代，他已开始研究新型白酒。那时年轻的共和国刚刚走过大饥荒的困难年成，整个社会的物质资源仍极匮乏，中央大力提倡液态白酒，并鼓励以液态白酒取代固态白酒，因液态白酒无须以粮食作原料便可酿出，大大节约了整个国家的粮谷资源。为了响应中央号召，省里边在洪亚海搞了个实验，打算研制出足以取代固态白酒的液态白酒来。尽管国外的液态白酒在此时已有一套十分成熟的酿制方法，但处在那样信息封闭的年代，这些技艺都被当做重要机密保存，想要轻易得到实在不可能。

洪亚海实验以失败告终。

赖高淮从来是不服输的性格，觉得国外早有这个酒了，这就说明它存在的可行性，那为什么国外做得出来，我们却做不出来。虽然洪亚海的实验失败了，赖高淮回到酒厂，却并没有放弃，从市场上买来食用酒精，继续在化验室研究新型白酒的课题。也许是有洪亚海实验的数据和资料做铺垫和借鉴，出乎所有人意料的是，实验很快就取得了成功，产出的酒虽然口感和香气不及固态法酿出的酒，但绵甜醇香，也不失为好酒。在赖高淮正准备将实验成果投入生产时，酒厂里的领导经研究之后却又驳回了这个提案。在提案上给出的批注是：名酒厂要维护传统工艺，坚持传统古法酿造。

拿回这个被驳回的提案，说不沮丧那是骗人的，但不久赖高淮想通了：虽然从节约粮食的角度考虑，新型白酒有存在的理由，但名酒厂不搞新型白酒是对的，老窖酒厂从来都是固态酿造，很多人认准泸州老窖酒也是因为就是要喝固态酿造的酒，中央提倡白酒行业节约粮食，那我们多在传统工艺的改进上下点心思就好了，实在不行，就把产量降低一点。

虽然酒厂不生产新型白酒，但是高淮还是用好几个笔记本完整地记录了新型白酒的研制过程及工艺技术。后来有许多酒厂都来找他学习这个技术，学好后回厂投入生产，也方便他在他们的生产过程中进一步观察和改良这一套新研制出来的技术。

1998年赖高淮写作《新型白酒的勾调技术与生产工艺》，正是以那段时间里记录下来的笔记作为基础素材。在书中，高淮花费大量笔墨介绍了新型白酒基于科学的工艺原理，观点鲜明地展示了它是白酒这个传统行业在发展过程中出现的新事物，要保护传统工艺酿造出来的固态白酒，但也不能否定新型白酒。同时，还利用全书二分之一的篇幅仔细介绍了新型白酒的勾兑技术。因许多小酒厂都在生产新型白酒，但勾兑技术不到位，以至口感很差，让很多好酒之人非常反感。但这并不是新型白酒的过失，而是技师的过失，就如同利用才捕捞起来的正宗阳澄湖大闸蟹做出的蟹黄羹，如果不好吃，绝不是材料的原因，只能是厨师的原因。

赖高淮想用这本书使社会能重新认识新型白酒这种一直以来都遭受误解、并越来越遭受误解的酒种，让白酒行业发展过程中出现的新事物得到好的引导。《新型白酒的勾调技术与生产工艺》（这本书后来由中国轻工业出版社出版）全书一共16万字，但在强烈的使命感和责任感驱使下，完成这本书，他却只用了一年。

3.

评酒非品酒

赵本山曾在一则非处方药的广告里说过一句非常有名的广告词：别看广告，看疗效。这句广告词几乎适用所有以卫生理化标准来衡量优劣的商品。

产品到底好不好，有没有功效，只需看它各方面符不符合规定的卫生理化标准。但白酒是一项例外的商品，其品质的优劣除了用这些指标来衡量约束以外，感官质量也非常重要，即人们常说的口感。而口感是任何精密仪器都无法测量的，只有靠人的舌头才能辨识得出。于是在酿酒行业里诞生了一个特殊而神秘的职业——尝评师。

业外的人不了解尝评师，觉得评酒是酒厂里最清闲的工作，就是坐在实验室里喝喝酒，一个月还照拿工资。外人不了解也就罢了，连好些业内人士对评酒知识也是一知半解。

一日，赖高淮同行业里非生产线上的新进后辈聊天，正好提起尝评师，后辈问他："尝评师的工作是否就是主要分辨一下酒的香型和度数啊。"高淮笑道："你说的这两种，只要入这个门都能判断得出，那是品酒，不是评酒。好的尝评师是要用自己的尝评来指导生产的，尝一下这个酒，就能知道这酒合格不合格，好不好，不好的话又是哪一道工序出了问题。"后辈惊奇地睁大了眼睛："连哪一道工序有问题都知道，这么神？"后辈说话口无遮拦，惊讶完了难掩狐疑："该不是胡侃的吧？"

这件事让赖高淮感触颇深。就如同从前西方人觉得东方神秘，大抵因东方长久闭关锁国，不与外界交流，仿似蒙了层面纱，朦朦胧胧。而如今大多数人都不能了解评酒，只因没有人将评酒这个职业透透彻彻展示在世人面前。此时赖高淮正好闲暇，手边已成的书籍大多付梓印刷。因这件事引发的思考，让他决定动笔开始写《尝评师手册》。

正如赖高淮所说，白酒的香型很好分辨，只要对酒稍有了解，就能辨识得出。但如何分辨同香型酒的不同品牌，这就是个技术活，需要从共性里抓出他们的个性。比如同为浓香型酒的泸州老窖、五粮液、剑南春。对泸州老窖酒来说，最有别于其他两种酒的特点就是窖香浓郁、后味悠长。至于何为窖香，用手抓点老窖泥，拇指和食指揉一揉，再洗掉，两三天之后再闻，手上会有淡淡的和着酒味儿的泥香和糟香，这就是窖香。

再说五粮液，因其酿造原料中含有大米，所以酿出的酒会有醇甜的味道，和泸州老窖酒后味悠长不同的是，进口喷香，后味很短。而剑南春中则含有乙缩醛的味道，实际上就是木香。剑南春的木香来源于其酿造窖池的一个特殊工艺。因剑南春地处成都平原，掘窖时往下挖一米就有水了，为了堵水，工匠们就用黄泥、炭花儿、石灰头子混成的三合土来糊窖池五个壁，再在四个侧壁上钉钉子、糊泥做窖池，这样就使在窖池中发酵的粮食于发酵过程中产生大量的乙缩醛。

由此可以看出，三种不同品牌的浓香型酒，其口感的个性均来自于酿造工艺的差别，工艺的不同，直接影响酒的风味。只要把各种酒的不同工艺摸熟了，仅靠品评来区分它们着实不是什么难事。可九层之台，起于垒土，要摸熟这些工艺，是需要长时间的历练和经验的总结的。

尝评师这个职业需要天分，嗅觉味觉的灵敏的确是很好的一个砝码，能在起跑线上就略胜普通人一筹，但仅有天分而没有经验，只能做一个“品酒师”，却成不了“尝评师”。正如赖高淮在《尝评师手册》中一再强调的，对于尝评师而言，经验远比天分重要。也正是因他自踏入白酒行业就深知这一点，到如今，除了是享誉全行业的酿酒大师，更是无人能超越的尝评大师。端给赖高淮一杯酒，他一尝，就能知道这个酒合格不合格，口感正常不正常，若是不正常，能一口说出到底是哪个工序出了问题，出了什么样的问题。而这，也正是赖高淮所说的用尝评来指导生产。赖高淮认为，一个好的尝评师就要达到这样的程度，而这是全没捷径可言的，只有在实践中不断总结，记住舌尖每一分感官的微妙变化，并将这些细腻感受分别对应了哪些细节工序牢牢刻进自己脑子里。

《尝评师手册》于2002年成书，此后，赖高淮继续出版了《白酒理化分析检测》、《白酒生产技术大全》等书，被许多初涉酒道的青年奉为圭臬。

4.

风流人物，还看今朝

2005年，赖高淮年满71岁，转眼已退休十年。定居匈牙利的女儿几次三番邀父亲出国同住一些时日，都被他拒绝，给的理由是要留在国内搞科研。

女儿以为是托词，生气说："您都这么大年纪了，该研究的前半生都研究完了，还有什么好研究的。"

赖高淮笑笑："哪有什么是可以被研究完的，活到老就学到老，我到你那儿去话不会讲，东西也吃不惯，没意思。"果然如他所说，这十年来他仍同退休之前没什么两样，要么在实验室里泡着，要么在书桌前泡着。

这年3月，国务院发出《关于加强我国非物质文化遗产保护工作的意见》，开始启动非物质文化遗产的保护工作。泸州老窖酒厂的高层们因长期关注中国文化遗产保护，敏锐地意识到这是一次唤醒国民沉睡的民族传统文化意识的绝佳机会，立刻组织申报泸州老窖酒传统酿制技艺为"国家非物质文化遗产代表作名录"的工作。

2006年5月，泸州老窖酒传统酿制技艺作为浓香型白酒的唯一代表，在众多送选项目中脱颖而出，成功入选首批国家级非物质文化遗产代表作名录。酒厂的现任领导将喜报传至赖高淮处，他高兴地将家中一瓶珍藏了许多年的老特曲拿起又放下，放下又拿起。半晌，欣慰道："酒厂这么做是对的，我们的酿造工艺这么好，传了这么多年，还要继续传下去，不仅要靠我们行业的努力，还得靠国家的重视，靠整个社会的保护。现在我们的技艺申报成非物质文化遗产了，保护传承肯定能更有力，你们做了我一直想做但是在酒厂时却没能做成的事。"

他这么说其实是谦虚了。在酒厂的四十年，赖高淮一直很重视泸州老窖酒传统酿造技艺书面材料的梳理和汇总，留下了大量文字档案，正是他的这份努力与坚持，为这次酒厂的申报工作打下了坚实的基础。酿酒技艺作为一门传统工艺，不像其他的活态文化遗产，可用丰富藏品来证明变迁的历史与在历史中形成的丰厚价值，因而，关于技艺演变的史料便变得尤其重要。“好记性不如烂笔头”，这是赖高淮未退休前在酒厂里常说的话，道理很简单，人人都懂得，可真正将之化为实际行动并一坚持就是五十年的，赖高淮可说是白酒界唯一一人。

2007年，国家文化部评选首批国家级非物质文化遗产传承人，将此殊荣颁发给为非物质文化遗产保护与传承做出巨大贡献的遗产持有人，下达文件令各省市举荐。赖高淮投身白酒酿造五十年，兢兢业业，勤奋务实，对白酒酿造贡献良多，独自主持的好几个实验在行业内享有盛名。他开创的数据指导生产的工作思路及工作方法被推广到全行业，将传统酿造技艺与现代科学结合起来，使白酒产量得到极大提升，并完整地保持了古法传统酿造的活性和原生态特性。他带领泸州老窖酒厂对全国300多家曲酒厂开展行业标准培训和生产指导，使一大批科研成果在全国范围内广泛推广和普及，对最终形成如今占有70%市场份额的浓香型白酒群体发挥了重要作用。同时，他为全国各地的名酒企业和行业协会举办了30多期酿酒技术培训班，培训学员多达四千余人次，培养的弟子遍布全国浓香型白酒厂。

历数这些成就和贡献，正是赖高淮大半辈子一路辛勤，才走出的深刻足迹。同年5月，赖高淮被文化部评为首批国家级非物质文化遗产传承人。当此时，非物质文化遗产传承人在白酒界只评了两人，一人是赖高淮，另一人是泸州老窖集团现任总工程师沈才洪。

如今，赖高淮已77岁高龄，仍不知疲倦，在白酒酿造的道路上上下求索。泸州老窖酒厂的赖厂长虽已淡出公众关注达十余年之久，但酿酒大师赖高淮却从未退出过公众的视线。书店里常可看到他付梓的新作，各类白酒培训班上也时不时能看到他矍铄的身影。李商隐有诗：“春蚕到死丝方尽，蜡炬成灰泪始干。”用来评价赖高淮对白酒酿造业的全身心投人，最是合适。

中国有一句不大常用的成语——静水深流。说我们平时看到的江河湖海，虽然水平面都很宁静，但水底下或许急流向前，或许波涛汹涌，一切都不能知晓，因那是全然未知的世界。以此引申开来，静水象征着为人处事不张扬，态度柔和；深流则象征着心中有万千沟壑，有容纳万物的大气魄。仅四个字，却气度深沉，正如赖高淮这坎坷而又执着的一生。

赖大师将人生活得仿佛一汪流深的静水，你若是想要知道这水下的世界有多么丰富精彩，要走近他，再走近他。

赖高淮的一生，当得起这四个字：静水深流。

下篇·酒道，因了有你——中国首批非物质文化遗产代表性传承人沈才洪

题记

酿酒，应该是人世间最贴近生活本质的一种工作姿势——在漫天的酒糟香气里，将那些青涩的液体用之于工艺，然后将其放置，接下来就是满怀欢喜的等待。然后在某天，这坛青涩的液体就会摇身一变，成为溢香神州的神奇之水。

这就是酿酒，一份酿酒人与“酒道”共传奇的事业。

酿酒不是任何一个单纯的词语所能囊括的，它是盈盈于时光之上的泰然和馥郁。

酒道千年事。上古洪荒，天灾与希冀共存，和先人的世世代代生生死死如影随形，他们对于生命有着一种不可言喻的情感升腾。而用种下的粮食酿造最初的酒，则承担了古人的生命之道。

在向上天祈福之时用五谷杂粮酿出的酒倾撒于神案前，以敬孝上天的厚爱，才得以年丰鸡豚足。

中国酒文化与中华文明一脉相传，酒道的广袤，也因华夏文明的强盛而源远流长至今，渗透进中华文明的脊髓里，颜色明艳地立于高高的城墙之上拈花微笑，不经意的衣袖挥舞间，已是不自知地抖落满地别样风情。

酒分多种，浓香、酱香、清香……各有各的典范，各有各的妙处。浓香典范，非泸州老窖莫属。但我今天想说的，不是酒，而是人——是泸州老窖的一个老朋友。一个将自己二十年青春一把呈给了泸州老窖，并创立其新辉煌的人。

泸州老窖的传奇已经在历史上熠熠生辉了几百年之久，现下，这个名叫沈才洪的人将要在这部书上写下浓重的一笔。

四年的大学生活，钻进生物工程学里汲取无垠的知识，十年的基层淬炼，让他的专业技术更是达到炉火纯青的地步。现在已经是品评大师的他，走进酿酒车间，只要探手一摸酒糟，就可以立刻告诉你，酒已经制作到何种程度。

酿酒工、工艺员、生产调度员、主任、分公司经理……你会发现沈才洪的经历几乎是在酿酒行业里跑了一圈。没错！任何能够成为决策层的人，若少了一线的磨砺，很难想象他的决策能够对企业有多少帮助。

精准把握市场导向、懂行销，深谙酒道，他总是告诉友人和合作伙伴——“酒道”衍生“蓝海”之道，真正的名酒，就是最受市场欢迎的酒，于是，集泸州老窖四百余年酿造技艺之大成的“国窖1573”应运而生。

沈才洪——国家级非物质文化遗产项目代表性传承人、首届中国酿酒大师、泸州老窖酒传统酿制技艺第二十二代传承人——正是这样一个传奇的演绎者。

“所谓人生就是发酵时掺些高粱和曲药，经过漫长岁月的变迁，酿出酒来——不论是苦涩还是甘甜，都得分一些给别人，更多的留给自己慢慢地酌饮一世。”

正如他在日记中写一般，沈才洪做人低调，属于实干型的人。尽管多次挽老窖于白酒酿制的滔天狂澜，却在事成之后，照旧拿起自己的书，埋头研究酿酒工艺，他是泸州老窖的领导者之一，更是一个搞研究、做学问的知识分子。

正是以这样无欲则刚，单凭自己的一腔热爱和挚爱的心态行走在酒道上的沈才洪，在面对漫天流言蜚语的成长之初也能咬紧牙关挺下去；在失败的炙烤下的峥嵘岁月也能一步不松懈地盯着目标走下去，直到守得云开见月明的那天到来；在遭遇洋酒风暴的危难之际，在深陷红色海洋的千钧一发之时，他都能籍着心中那束不熄的火焰，钢铁战士般地强硬前行。

因为有目标，所以有坚守，因为有操守，所以才可以等到收获的那天。

他是一个在中国传统白酒行业中的不折不扣的科技领跑者，他让传统行业与科技融合得更为紧密，也令中华白酒文脉薪火代代相传，他在逆境中坚守，顺境中清醒；风华正茂时已是开拓者，不惑之年依然站立在中国白酒的风口浪尖。笑揽风云动，睥睨大国轻。他与泸州老窖的领导者一起为挚爱的百年名企的每一步前行而时刻忧患。

一滴醉蜀地，三滴足天下。酒道的事，自有后人评说。

真名士自风流。

沈才洪便如是。

第一章 蜀山灵气育少年

1.

最初的梦想

每个人小时候都会被大人们问：你长大想当什么啊？

孩子们会说“科学家”、“作家”、“数学家”诸如此类。也许小时候并不知道，这些就是我们最初的梦想。

在一个不时笑语声声的教室里，先生让学生们挨个儿站起来说自己的梦想，有的孩子说：想要做一名飞行员，开飞机多好啊！有的孩子说：想要做一个大司令，指挥打仗多有意思啊！

班级的前排有一个眼睛亮亮的孩子，他也有着一个“家”的梦。轮到他站起来说的时候，从这个小身体里蹦出这样的话语来：“我想要做一名小说家！”是的，当一名小说家多好，可以把世间的喜乐伤悲都写进小说里去，可以做中国的托尔斯泰，做第二个曹雪芹。这个孩子就是幼年的沈才洪。

“我大概6岁的时候，看了第一部小说，是《水浒传》，当时还不认识多少字，在我叔叔的箱子里发现了这本书，只有中部，上部和下部都没有找到。到小学三年级的时候我看了第二部小说就是《青春之歌》。后来就想，如果大学毕业了，在工作上没什么出路，是不是可以搞搞第二职业，当当文学青年也可以。”沈才洪后来回忆说。

沈才洪的母亲是一名人民教师，都说父母是孩子的第一任老师，这话果然不错。年幼的沈才洪从会掰着手指算算术到后来慢慢长大念了初中、高中，做一名教师仍是他心头最原始的梦想。“人类灵魂的工程师”，何其伟大的职业。

以为这样的愿望会带进现实里，可是正如他的小说家梦想一样，这些最初的奋斗方向，在沈才洪的梦里只存活于他青涩的少年时光，然后便在日渐成长中消逝掉，直到后来参加工作，“酒道”占满了他的整个心房。

成年之后，立业之前，沈才洪真正地投入全部身心去做的职业，只有“酒道”，钻研中国最传统的浓香型白酒泸州老窖，是他醉心到现在并将一直醉心下去的事业。

2.

雕刻师父亲

沈才洪说起父亲时，总是一脸的崇拜和温情，成年之后对于父亲的崇敬和爱意也没有减少，相反，这种感情随着岁月的磨砺愈来愈甚。

沈父名自然，是当地颇有名气的雕刻家，雕刻手艺精湛异常。但凡天上有的，地上跑的，什么花鸟鱼虫，什么飞禽走兽，只要一入他的法眼，稍顷便能鲜活于刻刀之下，形神俱似，让人不得不叹。

父亲最擅长雕刻石狮，经他雕琢的石狮无一不栩栩如生，直到现在其父的雕刻作品仍然屹立在泸县玉蝉山和牛滩镇上迎来送往。

年少时只要不用上学或是下地干活的日子，沈才洪都会搬个小凳子坐在父亲的身边，看他敲打那些从相邻或是远一些的村庄接来的活计。

那样云淡风轻，天高气爽的日子，父亲将手里的刻刀当做设计大师的魔尺，为手里的石头模特量身定做最好的尺寸、最好的外表。

父亲先要给石头们“开荒”，将这些粗坯凿去多余的部分，然后再次打凿，直到大致轮廓显现，接下来就是他最爱看的部分了——父亲开始“打细”，也就是父亲口里的“开小荒”，沈才洪就眼睁睁地看着浑然没有感觉的石料在父亲灵巧的手里慢慢地面目清晰起来，然后渐渐地有了形神，有了呼吸，有了感情，父亲轮番使用平凿、石锉、齿凿等工具，手臂翻飞，直看得他一愣一愣的。最后一步是打磨，这一步骤是最细致的工作，父亲手里的物什在这一环节变得珠圆玉润，喜煞了父亲身边的小小少年。

任谁有这样的一名技艺超绝的父亲，都会梦里笑醒的吧。沈才洪当然自豪得很，可是更令年幼的沈才洪引以为荣的是，在那段特殊的时日，那段“大跃进”和“文化大革命”接踵而至的时日，那段人人自危、无暇顾及其他的艰难时日，仅仅靠着雕刻手艺勉强维持一家数口生计的父亲仍然乐善好施，尽自己最大能力接济邻里乡亲。

父亲其人老实敦厚，话更是少。他只是埋头做事，不会对着孩子们讲授什么孔孟之道，不会出口成章，可是他以自己独有的方式教育着子女，以自己的亲身之举告诉孩子们什么是做人之道。

沈才洪幼时并不会预料到，父亲就这样不知不觉、不动声色地雕刻了自己毕生最了不起的“作品”，自己引以为傲的儿子——当今“酒侠”，业内奇才沈才洪。

现在的沈才洪回想起自己打小就很崇拜的父亲，对其手艺仍是自豪得很。他说：父亲可以轻易地将生活上升为艺术，在我的心里是触动很大的。后来的酿酒，我就告诉自己，为什么不能把酿酒做成世间最雅致的生活姿势呢？酒，是我的生活载体，也是我的艺术集成。

3.

老师的得意门生

“人刚生下来时都是一样，仅仅由于环境，特别是幼小时期所处的环境不同，有的人可能成为天才或英才，有的人则变成了凡夫俗子甚至蠢材。即使是普通的孩子，只要教育得法，也会成为不平凡的人。”（爱尔维修语）

幸运如沈才洪，在很小的时候，就遇到了一位对自己日后的学习人生至关重要的启蒙老师——郑伯卿老先生。

如果说沈才洪的雕刻师父亲沈自然是优秀的人生启蒙老师。那么，郑伯卿老先生就是沈才洪求学路上的引路人了，他是沈才洪在村里那所小学的第一任老师，这位全才型的教书先生一人包揽了全部的课程。

幼年的沈才洪如一株小树苗，需要修剪和扶植，郑老先生当仁不让地上任了。

在郑先生身边学习的那段时间，沈才洪显露了他学习的天分。他遇到了严谨的郑先生，于是小沈才洪没有像那个少有天分而成年平庸的方仲永一般，消磨了这异禀天赋。他像一块璞玉一般，在先生的教鞭下细细打磨。

才七岁，沈才洪认字速度快，记忆力超常，常常是老师在课上讲，他已经在心中默记，一堂课结束了，沈才洪也记下了所有的知识点。课本上要求熟读的课文，沈才洪烂熟于心，那些缤纷多彩的文字就像刻在他的小脑袋瓜里似的。

语文学习如此，他的数学更是出色。每次考试，沈才洪几乎都是第一名。记忆力是孩子的天赋，但仅有天赋还不足以成事。在老师的引导下，本身成绩就不错的他开始有意识地超前学习，在年少的孩子心里，第一名就是英雄，男孩谁不想做英雄？

沈才洪总是在前几天就将老师要讲授的内容搞懂，在老师真正开始讲课的时候，他就“温故而知新”，从而令自己的记忆变得更为牢固。

课堂上，那个随着老师的走动而转动的小脑袋，那双最灵动的眼睛，那个反应最快速、回答问题又快又好的声音，必然是沈才洪的。在郑老的课堂上经常都会是这样的情形：整个教室，除了讲课的老师，就是这个最活跃的学生在唱独角戏。孩子年少，尚且不懂什么是“低调行事”，只知会的问题就要回答，不会的就要问。沈才洪现在仍是很怀念和感激那段时光：“那个时候是我开始培养活跃思维的时间段，也正是那样的张扬和不畏惧，让我养成了勇敢向前的习惯。这样的习惯在后来上大学和参加工作都发挥了很大的作用……”

因为沈才洪对学习掌握得好，作业也是做得又快又好，所以经常在下课后帮助老师批改同学的作业，俨然是老师的好助手。

这样一名极有天赋又爱学习的学生，郑先生自然欢喜，于是格外严格要求这名得意门生。小沈才洪果然没有令老师失望，奖状拿到手发酸。

4.

伙伴们的“老大”

沈才洪看的第一部小说也是他至今为止仍然最爱的《水浒传》，这本影响了中国的小说，也是对沈才洪影响最为深远的。

某天，沈才洪在叔叔家玩，玩着玩着不经意发现叔叔家的长条桌上有一本厚厚的纸质泛黄的书，他本就爱看书，此刻看到书本自然兴起，于是不管三七二十一拿过来就读。一读便再也放不下了。

《水浒传》里面有很多很多小沈才洪并不认识的字，可是这些并不能阻止他看下去。先是囫囵吞枣地读个大概，后来觉得不过瘾，于是开始细读，遇到不了解的地方便翻查字典或是请教别人，一来二去，竟也将整部书看了个透彻。

宋江的侠义儒直，智多星吴用的机智聪颖、料事如神，林冲的豪气干云，鲁智深的正直义气，孙二娘的泼辣，武松的手足情深，如此等等的好人物，都让他在掩卷之后脑海里仍是不断地想象着这些侠士的作为。从此沈才洪便有着更为鲜明的善恶之分，他因心生崇敬而立志要成为一名侠之大者，行事作风就是“侠客行”。

沈才洪有个绰号叫“沈瓦哇儿”（瓦哇儿：泸州土语，书面语：哨子），据少时的伙伴们回忆，那时他常像个真正的将军一样站在村头的土坡上，“沙场秋点兵”似的指挥着整整齐齐站在下面的孩子们，极富大将风范地分派着任务：小明你去五保户李奶奶家打扫卫生，小娟你去张爷爷家打水，要记住：水一定不要打太满，你和小弟会抬不动！还有，军军你带着你妹妹去……

孩子们聚精会神地听取自己的任务，然后只待“头儿”分派完毕便领命而去。村里的五保户和鳏寡孤独都喜欢这帮好心肠的娃儿，尤其那个叫沈才洪的精灵小子，他总是可以将孩子们井然有序地组织起来，是个“能干的娃儿”。

沈才洪不光是个能干的娃儿，他和所有的孩子一样，喜欢玩儿。孩子们会分成两派玩打仗的游戏，也会有俘虏啊救兵啊之类的称呼，就和他们在电视里看到的那种打仗没有什么两样。

孩子们之间的战争虽不是真正的战争，但是也要讲究一些小策略的，比如同伴被“敌人”抓去了，要怎样去营救他们呢？这就需要好好部署一下了。每每这个时候，都是沈才洪大展拳脚的好机会，孩子们也听他的，不为别的，只为按照沈才洪说的做可以把俘虏们安全地拯救回来。

多年之后回想起那段组织伙伴们去帮扶老人的日子，沈才洪低下头笑笑，脸上现出一丝不易察觉的羞赧来：“那时候小，但是看到老人们可怜，心里不好受，就力所能及地做点事情，呵呵，倒是多谢了伙伴们，都很听我的调遣，大家长大之后都为自己的行为自豪，这也是我最开心的！玩打仗的游戏也是我们最喜欢的，少时的玩伴儿如今最爱回忆这一段。”

沈才洪不光凭借自己的个人魅力，成为伙伴们马首是瞻的头儿，他的弟弟妹妹们也非常尊敬爱戴他。他的堂妹沈才萍说起她的大哥时，脸上是满满的自豪，她说：“大哥一直是我们的榜样和骄傲。”

沈才洪读大学期间，经常写信关心询问弟妹们的学习和生活，并经常寄一些对启发学习或是思想有用的书籍给他们。这种浓厚的长子若父的关怀在他参加工作之后依然如故。

西方有句谚语是这样说的：真诚美德如河流，静水流深。这话用来形容沈才洪剑磨十年出鞘的侠骨柔肠最为恰当。

在弟妹们心中，沈才洪是“永远的侠骨柔肠的好大哥”，就是这位少年时代的“孩子王”，在多年之后掀开了中国白酒企业的新篇章。

5.

书山辟蹊径

古人有语云：行千里路，读万卷书。许是有建树的人都爱看书，都需要从历史积淀的精华里汲取营养，在浩渺的书海里徜徉沉醉，然后再形成自己的一套独特的价值观，从而提升境界，获得精神层面的飞升。

沈才洪也爱看书。听董坪村的人评价说，他自小就感知能力和记忆力异常出色，他深知自己的优势所在，所以更加努力不懈，不允许天赋被埋没。

年少时在叔叔家偶得的《水浒传》呈现给了他一片文学的别样洞天，以后的日子里他对书的爱好一发不可收。只要是亲戚朋友家里的藏书，他一本不落地实行“拿来主义”，每次在亲戚家玩，大人们明明看见他还安安静静地站在身后的，一转眼就不见了人影，习惯了这种情况的舅舅阿姨都知道，这孩子肯定是拿着书在某个旮旯里猫着，看得如痴如醉去了。到了吃饭时间也不见他出来，大人们只好四处去找他。叫是没用的，沉浸在文字意境里的沈才洪根本就听不见，饶是你叫多少声，你用多大的分贝，都无济于事。

他的叔叔对一次失踪事件记忆特别深刻。那是家庭的一次小聚会，大人们忙着做点心，孩子们就在一起闹着玩，眼看到中午了，丰盛的午饭早就摆上了桌，孩子们一个个都快要馋死了，蠢蠢欲动地用筷子、勺子试探着，因为成员没有到齐，大人们不许开动。看来看去，就差一个沈才洪，怎么办？去找呗！

于是大家开始四处去找，他惯常去的书橱，小阁楼，邻居家的院子……没有，奇了怪了，这孩子最喜欢猫着的地方都没有，那他能去哪里？扩大范围继续找，孩子们来报：大哥的老根据地——村头土坡那里也没有！又有孩子来报：经常去玩的田埂那里也没有！

大人们实在慌了神，这饭菜凉了不是大事，万一这小子出什么事怎么办啊！不怕被卖糖葫芦的小贩带走，就怕他掉进什么坑洞里面去，叫天天不应、叫地地不灵就坏事了。大家也不吃饭了，继续去找，就是把村子翻个底朝天也要找出孩子来！

晌午过了，大家饥肠辘辘地回家来，都希望能从对方的口里得到沈才洪被找到的信息。早有眼尖的孩子号叫着从屋里跑出来：大哥在吃饭呢！大哥没丢啊！

原来沈才洪凑巧在叔叔的房里看到一本杨沫写的《青春之歌》，三翻两翻就放不下来，干脆一屁股坐在床腿边看起来。兴许是叔叔家的大床太高遮住了他的小脑袋，也兴许是找的人太心急，没有细看屋子里的每一处，再加上沈才洪看书实在是入迷，根本就对呼叫他的声音充耳不闻，于是就上演了这出“离奇失踪”事件。

直到肚子太饿了，才想起今天聚会呢，会有很多好吃的，他赶紧跑出去找吃的，根本不知道大家为了找他都没有吃东西。这小家伙一屁股坐下来就开吃。

“当时看他吃得不亦乐乎，我都想使劲揍他一顿！这小子看书太入迷了，苦了大家拼命找他。呵呵。不过才洪真是出息，单凭从他看书的劲头就可以看出来，这孩子长大肯定有出息！”沈才洪的叔叔说起他来，眼睛里是止不住的笑意。

“三岁看大”，有老话如此，老人没有看错，自小广泛涉猎各类书籍的沈才洪，不断地汲取知识是他的习惯，也正是这样的好习惯，让他得以在人生道路上不断吸收新的思路和灵感，实现一个又一个突破。

跟许多人只看自己感兴趣的书不同，沈才洪的看书方式呈放射状，从天文学到地质学，从中规中矩的学术研究看到武侠、连环画，从艰深晦涩的逻辑学、心理学书籍到千年历史一本通透的《资治通鉴》，与满腹忧戚、行吟泽畔的屈大夫一起诵《离骚》，在李寻欢的江湖里一睹那精妙绝伦的“小李飞刀，例无虚发”……

对他来说，读得杂并非坏事，博采众家之长才是自己最需要的。在浩繁的卷帙里，沈才洪渐渐形成了自己的看书方法。他喜欢“圈点评注”，在书页旁边写下自己的看法，或与作者相冲突，或是拓展作者的观点。一本书看下来，常常被他划得不成样子。沈才洪其人本就聪颖异常，再加之他好读书更求甚解，所以他看书不是单纯的录入辞藻或是字里行间作者的思虑，而是在将知识熟记于胸之后，再博采百家之长，将内容提炼，升华为自己的东西。

我们常人看《易经》，都会觉得其晦涩艰深，但是沈才洪在念大学的时候就已经对这本严谨的哲学著作有着另一番自己的独到研究，并且小有建树，着实羡煞了他的同学们。不光对《易经》有独到见解，对其他的诸如《孙子兵法》更是看得熟烂，他是这样说的：太平盛世不需要打仗，也不需要装备完整去沙场，可是兵法的价值并不限于教会后世人怎么去布阵对垒，它还告诉我们很多道理，这个中妙处要看看书之人的个人造诣……

诚如斯言。这世上谁人不看书？可是真正从书中的世界崛起，从而铸造起另一座恢弘的城堡的，试问又有几人？

第二章 与酒有缘

微醺的少年郎

第一次亲密接触

命运的玩笑，还是眷顾？

循着那一抹酒香而去

优化酿酒工艺的探索

恩师的希冀

白酒梦 强国梦

1.

微醺的少年郎

“所谓人生就是发酵时掺些高粱和曲药，经过漫长岁月的变迁，酿出酒来——不论是苦涩还是甘甜，都得分一些给别人，更多的留给自己慢慢地酌饮一世。”这是自沈才洪的日记里摘抄下来的一小段话。

有句老话叫“三句不离本行”，我们的酿酒大师在这样一段文字里，将酿酒工艺的大致步骤就传神地表现了出来。

沈才洪心中的酒“天地酿万物皆成一醉，与佛有缘、与侠有缘、与人有缘”。而立之后的他是“酒侠”，自然与酒有缘，那么，生命的初始呢？有没有酒的印记？

说到生命的初始，少年与酒打下的第一个照面，就是爷爷掌间大碗里所盛的土酒。土酒性味甘冽清甜，喝了不会上头，曾担任过国民政府的一名小小文职官的爷爷就爱好喝酒。

那时的沈才洪，已经会背很多诗词。他对一首诗记得特别清楚，那是摹写大诗仙、酒仙李白的：李白斗酒诗百篇，长安市上酒家眠，天子呼来不上船，自称臣是酒中仙。

生性豪爽、酷爱饮酒兴怀的爷爷就时常聚起一帮孩子，坐在田坎边或是院落里的小凳子上，抽着自己抽了一辈子的土烟，身边触手可及处放着一碗或是一小壶孩子们打来的酒，问问焦急等待着的孩子们，今天想听什么故事。你今天想听岳飞，他今天想听七仙女，那个最小的孩子又闹着要听大山神仙的故事，唧唧喳喳、热热闹闹、七嘴八舌地意见不统一，老人就微微笑着，抽口烟或是啜口酒，悠闲地等着这帮小可爱达成一致意见。

沈才洪也要闹的，他最喜欢听辛弃疾的故事，那名爱国大诗人的遭遇牢牢地抓住了他的心，听了一次还想要再听，爷爷讲故事也是一段一段地讲来听的，像极了说书先生，今天的故事时间一讲完，他绝对不再多讲，很是吊人胃口，常常惹得孩子们夜里就巴望着明天快点到来！

沈才洪就要听辛弃疾，讲故事的老人拿下嘴里的烟管，宠爱地拍拍他的头，然后清清嗓子，告诉还在闹腾的孩子们今天他来讲辛弃疾。孩子们有的拍手，有的就撅起嘴巴来。

沈才洪那叫一个高兴啊！眼睛紧紧盯着爷爷的嘴唇，那张可以蹦出全天下最引人入胜故事的嘴，吮了口清洌的液体，开始滔滔不绝地讲起来："话说这辛弃疾乃是南宋著名爱国诗人，他力拔山兮气盖世，脚踏风雨、冲天怒吼让对手噤若寒蝉，他如同屠龙的豪侠，在金人万人军营前，气宇轩昂地目睹流血漂橹、伏尸百万，血染透他的战袍……"

被爷爷的故事深深吸引的孩子们也许并不能理解这些四字成语的含义，但是他们有着只属于孩子的理解能力，这种能力是惊人的，也让他们对故事的主人公或敬仰或唾弃或叹息。

老人肚子里的故事是讲也讲不完的，沈家兄妹都爱粘着他。每每讲到最高潮，听客们眼巴巴地等着说书的赶紧讲下去，可是每每这时，老人总是要啜饮几小口，然后再悠悠地放下酒碗，呵呵一笑，继续娓娓讲来，实在是摄住了孩子们的心神。

知道爷爷喝了酒就会有好听的故事，沈家兄妹都争抢着为爷爷打酒，希望爷爷可以讲自己爱听的故事来听。

秦桧卖国求荣，岳鹏举骁勇善战，却被十二道金牌追回，从而失去了收复失地的良机；三国里，曹操煮酒论英雄，刘关张桃园三结义，周瑜火烧赤壁……

此时的老人，看起来是沉醉也是愤懑。历史给了后人太多的遐想，让人禁不住深陷其中。沈才洪托着腮，看着爷爷花白的胡子，仔细地琢磨着：这样的胡须里，到底藏着多少历史呢？

酒，就是不竭的思想源泉。沈才洪从李白从自己的爷爷身上真切地看到了这一点。酒，在他小小的心坎里是神奇的液体，这种液体钻进肚子里，就会生发出奇妙的文章，或是令人遐思翩翩的神奇故事。

2.

第一次亲密接触

童年在爷爷膝下承欢，看爷爷美美地饮酒，听爷爷闲闲地讲故事的深刻记忆令沈才洪对于“酒”有着难以言喻的感觉。

正因为这种难以言喻的感觉，还因为孩子的好奇天性，沈才洪和兄妹们商量，自己也酿一次酒来喝喝看。大家于是一拍即合，有的去采集原料，有的去准备工具，大家很是兴奋，毕竟是第一次做酒呢！以前只是看着大人们动手酿酒，自己还没有做过。

沈才洪作为发起者，必然要经手、监督每一道工序，所以从分派工作到最后的准备就绪，他发挥了“孩子王”的能力，将事情安排得井井有条。

此时，沈才洪大一归家，已经不是当年的孩子，对于酿制，他有自己的看法。

大家要做的是柑橘酒。沈才洪对做柑橘酒有深刻的见解：采柑橘的时间，把柑橘分成几瓣，一斤柑橘加几两糖都有严格的规定，怎样密封，怎样存放等等。他在心里盘算着这些，等着弟弟妹妹回来。负责采摘工作的弟弟妹妹将劳动成果骄傲地呈给哥哥看，哇，好大一堆啊！作为大哥的沈才洪自然要夸奖他们的能干。

第二步骤是榨汁，沈才洪带领弟弟妹妹将柑橘榨汁，然后教他们怎样放入白糖，分量多少，什么时间放入等需要注意的问题，沈才洪一板一眼做得极是认真，好似自己就是一名真正的要酿制中国最好的酒的工人！

白糖放入后，就要密封然后静待它自然发酵了。等待的日子是最难熬也是最漫长的，好像这罐柑橘酒像睡着了一样，什么动静也没有。几次沈才洪都按捺不住，偷偷去看酒的情况，趴在酒坛旁边竖起耳朵屏住呼吸仔细地听，希望可以听到“咕嘟咕嘟”发酵进行得正好的声音。可是，他什么也没有听到。

终于有一天，柑橘酒可以喝了！沈才洪乐得一蹦三尺高，压抑不住心中的兴奋，连跑带跳地招呼大家来喝柑橘酒。

端在手里的酒看起来黄色澄亮，有股幽清的柑橘清爽的味道。这是经过自然发酵的酒，味道有些许不可避免的浑浊，可是这是他亲手酿制的酒啊！清浅地饮一小口——真香！

这是沈才洪品尝的第一杯酒。充溢在唇齿间的醇香和微微青涩，是对于年少岁月最恰如其分的注脚，几百年来洋溢着酒香的泸县，孕育了绝美的乡村景色，有农人在暮色里荷锄而归，有孩童倚门而立，等待父母回家来一起吃简朴但是香甜的晚饭，傍晚的风有着丝丝的微凉和轻柔的力道，摇着你，让你不免沉沉迷醉……

他醉在自己第一次酿制、品尝的第一味酒里。果酒都是后劲大的黄金液体，这柑橘酒给了他从未有过的感受。

多年之后，已经品评过数不胜数的酒类的中国酿酒大师，回想起自己与柑橘酒的第一次亲密接触，感慨连连。过去的岁月已经回不去了，但是唯有记忆可以永远存留。

醉在柑橘酒里的少年并不曾料到，日后他酿制的酒会迷醉中国绝大部分的人。他会成为一名顶尖的酿酒大师，这也是时光不可预知的。

3.

命运的玩笑，还是眷顾？

沈才洪初中毕业后，面临两条路：要么考普通高中，要么念中专。如果选择后者，就可以早几年参加工作，早点赚钱养家。若是念高中，就要再次为家里增添负担，这样的教育费用对于境况好的家庭尚可承受，但是对于一般的或是姊妹多的家庭就显得吃力了。沈才洪家境不好，他下面还有弟弟妹妹在上学，懂事的他深知家里境况，咬咬牙，第一次这么沉重地选择了自己下面要走的路。

那天天刚蒙蒙亮，父母亲正在准备起身干活，门被敲响了，然后是沈才洪轻轻的声音："爸妈，我进来了。"父母亲都猜到了他要说什么，这孩子学习好，心头也有大志向，他肯定是来要求念高中的，念就念吧，考上大学就可以走出去了。

心里都是这样盘算的双亲，却被站在床前的沈才洪几句话惊住了："我想考中专。"

他就那样站在愣怔着的父母亲面前，穿着那身还是前年过年母亲做的衣服，孩子果然是长大了，那时有意做肥大一点的衣服此时已经有点小了，衣服里面的身体已然现出舒展的骨骼来，像一株树苗一般轩昂的沈才洪，在那个早上让父母泪眼婆娑。

初中毕业的沈才洪就这样踏上中考征程。

命运是不是特别喜欢开玩笑?本以为沈才洪考个中专是没有多大悬念的，然而事实却是他以一分之差无法走进中专学校的大门。

分数出来的那晚，家里人都闷闷的，弟弟妹妹也知道家里发生了大事情，早早做完作业溜回房间去睡觉。母亲坐在板凳上，一语不发，父亲只是一口接着一口地抽烟，看着院子里放着的几块还没来得及打磨的原石。沈才洪低着头，看不清他脸上的表情。过了良久，父亲的咳嗽打破了这沉闷的气氛。

"娃，中专没考上，我想听听你的想法。"父亲不紧不慢的，听不出什么特别的情绪来。他并没有怨怪娃儿，他只是想听听他的想法。

"我想继续考。"沈才洪仍旧低着头，轻轻地说。母亲听出他的鼻音很重，想这孩子肯定是闷不做声地哭了，就对丈夫使眼色。

"好！娃儿，只要是你自己愿意做的，任何决定我和你妈都依你。"父亲爱这个孩子，这个娃儿不喜欢说话，可是说一句就是一句，说出口的话肯定会去做。知子莫若父，沈才洪在那个时候是多么崇拜自己的父亲啊，他一句话就消解了沈才洪心里最深的不安和忧虑。

调整状态再次冲刺，就是要考中专！全身心投入紧张的复习，再次参加复考。沈才洪很努力很努力地去复习、应考。最后的成绩在不久之后就出来了，沈才洪兴冲冲地跑去学校看分数。

结果令他无法接受，还是差了两分——中专路再也走不通了。

沈才洪第二次考试的分数已经达到了高中录取分数线——在当时，好一些中专的录取线比普高更高——他被命运这双无形的大手推进了高中的教室，而且还是泸县二中第一届高中快班的教室，他顺利地成为这个二年制的快班的一份子。说起这个班，还真不是一般的班级，它只招收全县的学生精英，这些精英分子必须具备两个条件：平均成绩优异，在校表现一贯突出。沈才洪正好符合这个要求。

这次是父亲送他去的学校。父亲话本就不多，在校门前停住，摸摸他的头："娃儿，你就好好念书，你是读书的料。"沈才洪重重地点点头。

在高中生涯的初始，在沈才洪稍显稚嫩的心中，有着一个现在看来也是富于前瞻性的打算，他觉得生物工程将会在未来的发展中大行其道，所以他就锁定了自己的目标——浙江大学或武汉大学的生物工程专业。

确立下心里的目标后，沈才洪全身的劲都朝备战高考这个方向使，只为圆梦高考。

命运是铁了心地一再开沈才洪的玩笑，在高考前376人的预考中，他获得了第八名的好成绩，这样的成绩上重点大学是毫无疑问的。

但高考结束后，站在偌大的红榜前面，沈才洪怎么也不敢相信自己的眼睛，擦擦眼睛，再次看过去。是的，就是差四分，再怎么看还是差四分。红榜摇摇晃晃，变成了一个大怪物，向沈才洪压过来。他挪不动脚，愣愣地站在那里。

仅仅因为四分，就这四分，让他与重本线失之交臂，也因为这四分，梦想中的浙江大学、武汉大学就这样与他擦肩而过。

开弓没有回头箭，复读一年？意味着家里的经济负担还要多延续一年。下面就是选填志愿了。填志愿那天，沈才洪对着那纸关系自己一生的志愿单子整整坐了一宿。他在考虑是念好一些学校里自己不喜欢的专业，还是坚持自己的梦想去念喜欢的专业，如果选择自己喜欢的专业，就不能选择好一点的学校了。这是每一个填志愿的学生都要经历的抉择。只是对于怀揣着大梦想的沈才洪来说，这个抉择未免太残酷了些。

沐浴在黎明曙光中的校园有着令人迷醉的静谧和凄迷。

窗外的天空呈现出一片令人心境祥和的鱼白色，是安定又澄澈，这样静寂，可以听见风裹挟着云朵在天幕中嘶嘶穿行的声音。虚空正远，而心中的梦想，脑中的道路却又是异常清晰，思虑了这么久，终于可以做决定了。

他缓慢地拿起笔，在第一志愿那一栏凝重地写下“四川轻化工学院”，系科是“生物工程系”，他边用力地写下这些，边对自己说：“无论能不能上浙江大学或者武汉大学，只要能够读生物工程专业就行。”就这样，他把自己四年的青春时光，绑定在了这所坐落在美丽蜀山中的学校，在蜀山之地潜心攻读生物工程系。

现在再回过头想想，沈才洪这一路走来，在两个至关重要、关系着他日后人生走向的岔路口，命运都一再地阻挠他的最初选择，难道这是生活之神的故意安排，有意要让这位奇才一步步地靠近酒道人生，一步步地走上自我发展的最优平台，一步步地促使他计量出自己人生的最高峰值?

答案是怎样已经不再重要，重要的，是时间证明了一切。

4.

循着那一抹酒香而去

虽然高考失利，但在大学里，他因了自身的出类拔萃，成为师长喜欢、同学推崇的优秀学生。其中有一位长者对他更是另眼相看，也正因为这位长者，他真正地走上“酒道”——这条与酒痴缠的“不归路”，从此将自己的名字与浓香白酒，与泸州老窖紧紧地拴在一起。

那位在沈才洪“酒道”成长之路上扮演了最关键角色的就是——薛志序薛老，时任四川轻化工学院党委书记、院长。这位长者将包括沈才洪在内的八名学生一并推上了酿酒行业的“快车道”。所谓名师出高徒，果不其然，数年后这八人都在中国酒行业颇有建树，均是酒道上有口皆赞的人物。

念想起当年的血气方刚，念想起当年那股学习的劲头，念想起恩师薛老，沈才洪很想说一些什么，可是张张嘴巴，许久许久，竟是一字不能成。思绪好像飘回到那段在富顺泸阳曲酒厂实习的难忘时光。

理论联系实际是做事成功的必经之路，理论方面，薛老自然是倾囊相授，实践方面，就要看自己了。本就爱学习的沈才洪在这片肥沃的白酒土壤里如鱼得水，在亢奋中熟悉中国最传统白酒——浓香型白酒的酿造过程。

隔行如隔山。绝大多数享用酒的人并不会知道那醇香的“杯中物”源自何处，当看到那些酒窖时，惊呼声是少不了的。

沈才洪就张圆了嘴巴愣愣地打量着排放整齐、状若蒸屉中的馒头一般的酒窖。空气里充溢着的馥郁浓香，在你迈进酒窖的第一时间就不由分说地扑上来紧紧拥抱着你，和酒香分子做着最亲密接触的工人师傅们手脚麻利地装窖、踩糟、上甑。

同行的大学生们自然被这样的一幕镇住了，大家那叫一个兴奋啊，薛老真是带他们来到了可以“取真经”的圣地了！

沈才洪从师傅们口中了解到，酒都是以川南糯高粱为主要原料，并要加入小麦制成的曲药，下在泥窖中静置，让其发酵，60余天之后起糟，丢弃掉四分之一的面糟之后用剩下的四分之三掺入新粮，并一起蒸酿，然后再次入窖发酵。所谓“千年老窖万年糟”，这里面学问可大着呢。

樱桃好吃树难栽，说者容易做者难。浓香型白酒的酿制工艺看似简单易学，实则其间的奥妙大了去了！只以上甑这道工艺来说，技师的手要端起三十余斤重的粮糟，并均匀地将糟料按照“回马上甑”的方式轻撒匀铺到甑桶，更不能有丝毫马虎的是，这道工序要如此反复多次才算是完成一次上甑。

这道工序在很长一段时间确实是困扰沈才洪等学生的大难题，粮糟的重量倒是可以用手端起一段时间，可是支持不到一次完整上甑的完成。沈才洪不信这个邪，他很长一段时间就专门地去端粮糟练臂力，有时练得太久，吃饭或是写字时，胳膊从肘关节到手腕那部分就一直神经质般地抖。

他的精神被师傅们看在眼里，就有位老技师感动于他的好学精神，很是指点了他许多。譬如上甑操作，装甑时首先一定要检查底锅水是否清洁；甑子、甑篾是否干净；操作时一定要轻撒匀装，不能时轻时重、重倒乱倒，若然，就会造成蒸汽穿烟不均匀，蒸酒的质量和产量都将受到影响。

老技师说了一句话：不严格按照工序来，只会坏了一缸好酒！说话时优秀老技师神色凝重。沈才洪永远记得这句话，他后来严格遵守和进行科学的改进酿酒工序，都是在“不坏了好酒”的基础上进行的。他尊敬那些为“酒道”流香恒远而恪守工艺程序的人。

5.

优化酿酒工艺的探索

都说“师傅领进门，修行在个人”，沈才洪被薛老带进白酒酿造的大门，又得到底蕴深厚的老技师指点，他更迫切地需要将这些精华施用到实践之中去。

他开始更加密切地关注、熟悉从原料的最初选用到白酒最后产出的全部工序，全面认识、分析窖泥、水分、温度、入窖条件等相互关系，运用自己的天资，再加上老师傅们在技术上的热心相助，沈才洪对白酒的生产实践有了新的认知和全面把控。

在此基础上，他和酿酒师傅们“粘”在一起，吃、住、劳动都是一起，更是在最前线积累起了最宝贵的实践经验。

“没有调查就没有发言权”，因为一直在最前线，所以他掌握的东西也是最真实有效的。爱思考的沈才洪并不满足于领会、掌握这些“完美”的工艺技术，他经常在深夜，对照着自己做的酿酒笔记，泡在简陋的实验室里摆弄那些瓶瓶罐罐，或是对着坐落在不远处的酒窖陷入沉思：怎样更好地将学到的发酵知识运用到实际酿酒中来呢？

沈才洪知道，没有最完美，只有更完美。几千年的传统工艺自然有她完美的理由，可是，中国的白酒业是与时俱进的，她并不排斥有更好的发展之路。

既然入了这行的门，那么，就要去不断地完善她！沈才洪的“酒道”之路，悄然开始了。

说做就做。沈才洪将自己在生产实践中发现的一些传统工艺存在的缺陷加以整理提炼，将这些缺陷归入生产配料、操作工艺、窖泥老熟度、曲药质量这四个方面。下一步就是研究怎样改进了。

薛老此时出现在这支以沈才洪为发起者的研究队伍领导位置上，他带领着八名学生开始了对于酒窖的研究之旅。当时的酿酒界有句行话：“曲药是动力，窖泥是基础，工艺是关键。”他们对老窖窖池上、中、下三层粮糟分别进行成分蒸馏，发现蒸出的优质酒总是下层优于中层，中层又优于上层，并且窖边蒸出的酒必定好于中间的。

这个结论毫无疑问地说明了浓香型酒的香味成分与窖泥密不可分。研究组立刻把研究方向转向不同窖龄的窖泥——对其进行微生物及其他成分的化验量化分析。结果是在老窖窖泥中的总酸、总酯含量和腐殖质与微生物种类均远远超过了新窖的各项含量。在化验室里对浓香型白酒主体成分研究结果的报告又印证了专家的结论：浓香型白酒的主体香成分是已酸乙酯，而它的生成代谢能力又与窖泥中的已酸菌、丁酸菌等芽孢杆菌菌落的活性有关。

通过科学验证分析，沈才洪他们得知：新建的泥窖一开始只能产三曲、二曲，约莫十年后，可产部分头曲。而要酿制特曲酒的窖龄则必须在30年以上。

这些研究为后来沈才洪在泸州老窖工作，并开展创新“快速老熟人工窖泥制作新技术”[1]奠定了坚实的科学基础。

这段时间的实践研究还对其在后来的科研道路上提出的浓香型白酒窖池分类模式理论、有机酸控制酒精发酵理论、窖外发酵生香理论、微氧环境曲药发酵理论、酒体层级设计理论等八大理论产生了深远的前因影响力。

世事皆有因由。沈才洪日后在中国的白酒业可以占有一席之地，从他年轻时代就做严谨的科学研究，便可窥见一斑。

6.

恩师的希冀

薛老从将沈才洪领进白酒酿造业的大门，到后来与他共同研究，一起相处、生活、学习、工作的其间，点点滴滴见证他的发展潜力。老师明白，沈才洪具有严谨的工作态度、坚忍精神、好学品质，前途是不可限量的。可是，他还需要一些叮嘱，一些沈才洪身上具备但有可能会被忽视的东西——不论这样东西是正面的，还是负面的。

沈才洪修习完四年学业，毕业了。薛老提笔写了一封鼓励沈才洪的书信给他："转眼四年时光已逝，而你学有所成，我甚是欣慰。在我的众多学生中，你是善思勤勉的一位，有你这样的好徒弟我也是深感荣幸……"薛老温言软语，洋洋写下这封饱蘸师生情的书信，对学生的闪光点大加赞赏，让沈才洪在感激老师知遇之恩的同时更是平添振奋。

基于对得意弟子的希冀，薛老在信中还特别谈到："毕业之际，我以自身38年的工作经验再次嘱咐你，对你自己的学习能力不要质疑，但是要时刻牢记'业精于勤，荒于嬉；行成于思，毁于随'这句古语……据这四年时间我对你的观察，社交与做人方面是我最担心的，很多优秀的研究员也有这样的缺陷，不善交往不是你的错，但是只要你大学毕业就意味着你进入了社会这所新学校，故而我要特别告诉你：社会不同于学校，他不会等待你成长，社会喜欢用强硬的手段催熟一个个体。因此，你要特别铭记：一、真诚可以换来更大的真诚。二、一个人失去金钱没有什么，如果失去朋友、失去信用，将失去全部。三、一个人要知道自己的位置，就像一个人知道自己的脸面一样，这是最为清醒的自觉。所以做能做的事，把它做得最好，这才是做人的重要。四、成功并不必然同幸福相连，所谓的不成功也未必等于不幸福……"

任何人读到这样一篇饱含深情的文字都要感动，即便那样的感动是细微的。更何况是沈才洪呢？这封来自恩师亲笔的信件被他珍藏起来，书信里烫人身心的话语被他铭刻在心，并时时警醒自己，尤其是在那些暂时看不见光明的黑夜里，这些来自引路人的巨大力量让他即便是在荆棘遍布的事业路上，也能一步一步地走下去。

7.

白酒梦　强国梦

大学快毕业的时候，因为成绩优异，加之沈才洪其人素养高，学校有意选拔他到华南理工大学、上海华东化工学院进修，以充实“三线建设”后薄弱的师资人才力量。

在一般学生看来，这是一个多么难得的好机会，若是摊在别人身上，是一桩极大的幸事。系领导找到沈才洪，向他传达了学校的想法，本以为他会一口答应，进修——本就是好事一桩。谁知，已经和其他七名学生一起在薛老门下进行白酒课题研究的沈才洪，竟然连考虑都不考虑，就直接告诉老师：请将这个机会给其他需要的人吧，我已经有事业方向了。

他的事业方向就是白酒。他有一个白酒梦：“当中国白酒摆上洋人的宴席、酒柜，流行于酒吧之时，那就是中国成为世界强国的时候，这一天必将到来。”这是他说的一句话。

这个梦关乎酒，关乎中国白酒，关乎强国，关乎希冀。这个梦，沈才洪一做就是数十年。

这个梦梦得很圆满。当今天作为酒业的高层领导的沈才洪，端着“国窖1573”这醇美的液体向万千国内、国外的来宾朋友举杯致意的时候，他笑得很开怀。

还记得中央电视台的黄金时间段那个意境高远、画面深邃的国窖1573的广告，那瓶高高在上的黄金液体，宣告世人它是何等的昂贵，它是一种身份，它是经典中的经典。

国窖1573和沈才洪的名字紧密相连，这两个名字是泸州老窖的王牌之一，是企业的骄傲，两者齐肩，在老窖的酒史上熠熠闪光。

转回到那个关于去进修教师的建议，我们又一次感觉到命运对于俊才的用心别具，或许，冥冥中，每一件事都有其发生的理由吧。正如拒绝，正如接受。

拒绝的是做教师，接受的却是泸州老窖酒旗亘古不倒的神圣使命。

若是当年沈才洪当真去做了老师，从事教育这个行业，兴许中国的教育界又会有一位人物重磅出击、横空出世，也正因为如此，中国的白酒界就少了一位“酒道奇侠”，也或许……谁又可以真正得知这许多的事情呢？这世上并没有先知，不是吗？

[注1]

泸州老窖拥有全球规模最大的10086口窖池，自其建窖之始，均保持原生、原址、原貌、传统工艺、连续使用的特点。其中始建于公元1573年的明代窖池于1996年被国务院确定为全国重点文物保护单位，其余1615口百年以上窖池及酿酒作坊于2007年6月，被四川省人民政府确定为第七批省级重点文物保护单位。作为中国至今仍然唯一持续酿造白酒的窖池群，其1619口百年以上窖池的规模和活文物属性，堪称“世界酿酒奇迹”。

行业专家们研究表明：制约泸型酒优质品率低下的主要原因是体系中己酸乙酯生成速率缓慢，造成酒体香味物质量比失调，而泸型酒的主体香味物质己酸乙酯，又是老窖泥中梭状芽胞杆菌为主的厌氧微生物代谢的己酸与母糟体系中的乙醇在曲药酯化酶的催化作用下缩合而来。因此，窖泥质量的好坏，直接制约着泸型酒优质酒比率的高低。为此，沈才洪以微生物学、生物化学等科学理论为指导在泸州老窖创新“快速老熟人工窖泥制作”新技术，不仅为老窖的养护提供了科学依据，而且显著提高了窖泥的生香水平，大大缩短了人工培养窖泥老熟的时间，一般人工窖泥十年成熟产好酒，新方法三到五年出好酒，同时为防止北方浓香型白酒生产中人工窖泥的退化找到了一条根本的解决之道。

第三章 初尝人生滋味

泸州老窖，别样红

老窖里的大学生，别样灰

打响了『罗汉会战』第一枪

这一声『沈大学』得来不易

工人师傅的厚待

1.

泸州老窖，别样红

看沈才洪的简历，表格里面只是用几组简单的阿拉伯数字就表明了，他毕业之后走进泸州老窖，至今一直在为泸州老窖的事业奋斗着。

这样的一名男子，把他的热血青春都献给了他挚爱一生的白酒业。

泸州又称酒城，泸州老窖作为古老的中国名酒，一直是泸州酒业的龙头，在地方经济建设中起着举足轻重的作用。酒是泸州城的DNA，每一处都飘逸着馥郁酒香。

泸州老窖的历史源远流长，荣誉也伴随着历史的长河流向深远。从1915年泸州老窖荣获巴拿马国际金奖开始，泸州老窖就以卓越的品质在白酒行业中名声鹊起。

新中国成立后的第三年，泸州老窖以自己的雄厚实力被评为中国最古老的四大名酒之一，并在1963、1979、1984、1989连续五届蝉联国家名酒的荣誉，为浓香型白酒的唯一经典代表。

1952年至1992年雄霸酒坛四十载，成为中国白酒第一代霸主，被誉为“浓香正宗、酒中泰斗”。成为中国白酒龙头老大的泸州老窖并没有固步自封，在那个全国酒界技术革新的年代，泸州老窖还向全国主要名酒厂输出技术、选派师傅进行技术指导，更有很多慕名而来的酒业同行来泸州老窖观摩学习，泸州老窖门前一时“车如流水马如龙”。我们可以想见，作为最高酿酒科技的拥有者，泸州老窖对行业的辐射性何其之大，浓香型白酒能够在今天保持70%的市场份额，泸州老窖功不可没。从1985年当选白酒技术协会组组长单位至今，泸州老窖就引领着中国白酒技术的方向标。

泸州老窖并没有躺在以往的功劳簿上睡大觉，而是愈加精益求精地将成功进行到底。

当时有一小则顺口溜：有女莫嫁烤酒郎，朝朝暮暮守空房，好不容易回到家，有空就洗臭衣裳。

姑娘们要出嫁，找个好婆家是第一。那么，烤酒郎为什么不能嫁呢？烤酒郎很忙碌不说，总是辛苦劳作，没时间陪家人，因为工作的特定原因，衣服也总是脏兮兮的，有股味道。姑娘们要找个靠得住的男子相伴一生，自然不会去考虑忙到没时间顾家的烤酒郎。

但是在那个社会大背景下，泸州老窖的酿酒工人找媳妇却不难。老窖的酿酒师傅身上的衣服难道就没有臭味儿？还是老窖的酿酒师傅不忙，有大把的时间陪家人？

答案都不是。

泸州老窖的企业效益那么好，酿酒师傅又怎么会闲着呢？这样说明了老窖的工人收入有保障，加之泸州老窖名声响彻全国，嫁给老窖的员工，姑娘们也可以沾染上那份荣耀。

1988年泸州老窖第一次向社会大量招聘人才，沈才洪作为首批被招聘的大学生之一，就见证了老窖发展的巅峰时期。

泸州老窖的那时的境况，一个字就可以形容：红！那么，在老窖的鼎盛时期进入老窖参加工作的大学生们，是否也沾染了这“红”的喜气呢？

2.

老窖里的大学生，别样灰

如何在市场经济的浪潮下打开一个新的突破口，继续领军中国白酒业，是当时泸州老窖迫在眉睫的问题。而在这期间，企业的巅峰发展态势和“当今之世，谁与争锋”的良好感觉，不仅没有成为推动老窖进一步向前的动力，反而成为了无形的包袱，成为了挡住前瞻视线的障目之叶。

当时泸州老窖在行业中的领袖地位还没有受到市场的冲击，企业并无生存之忧，对人才需求的程度也就不很迫切，这就让那批被吸收进企业的毕业大学生无所适从。

按照一般的观念，认为大学生进企业工作，最起码也是做文员的，写写报告，做做记录这样文绉绉的事情。大学生有知识啊，要学有所用嘛。

绝大多数的人都不会想到，泸州老窖吸收进来的大学生在没有操作经验，不能直接进车间工作，又不能整天闲来无事的尴尬情况下，组织该怎么分配他们的工作，大学生可以做什么？

说泸州老窖不尊重人才也罢，说大学生需要锻炼也罢，当时的情况是：一些大学生的工作是协助清洁工人扫厕所、倒垃圾。

偌大的老窖，偌大的工厂，却没有大学生的容身之地，这让刚刚走出校门，满怀创业激情的年轻人情何以堪？

一个夏天的中午，沈才洪没有午休，他心里着急，记挂着一个还没有学会的工序，于是就跑去车间，自己研究。走到一个回廊，迎面碰上一个穿戴着口罩、围裙的清洁工，正要错身而去，对方开口了：“你是沈才洪吧？”

沈才洪立即停下脚步："你是？"

看到他的满脸错愕，对方摘下口罩，笑笑。口罩下面赫然是一张年轻温和的脸。

"我也是轻化工学院的，和你同级。你不认识我，我可认识你啊！校园明星沈才洪，呵呵！我是李伟。"李伟为人倒是爽快，快言快语的。

两个人就在中午阳光宣泄的走廊里聊起来，询问对方在老窖待得怎样以及一些其他的问题。

沈才洪对把玩口罩的李伟说："上面分派你这样的工作，你都没有去找他们吗？你的一腔抱负怎么实现？难道就只是打扫厕所吗？"他的语气有少见的激动。

李伟还是笑笑："应该只是暂时的吧。老窖招咱们进来不能一直让我打扫卫生啊！大学生要发挥自己的作用，雷锋同志也说了'要发挥自己的光和热'，等等吧，等公司委派咱任务时就算等到头了。"

李伟像是在宽慰自己，沈才洪觉得倒像是宽慰他的。想想一起进来的同学们没有岗位可以运用自己所学，心里很不是滋味。

那天气温很高，阳光晃眼，走廊不远处的水塘里碎银盎荡，看过去，刺得眼睛生疼。李伟身边的打扫工具更是刺痛了沈才洪的眼睛，他别过头去，索性闭上眼睛。

李伟叹口气，不再说话。那个中午，沈才洪知道自己在想什么，老窖的走廊知道，穿行过老窖的风也知道，还有一同坐着的李伟也可以感知到。

奋起，无奈。这样的情绪是厚重不见天的阴霾，沉沉地压在老窖里的大学生的心上。

当时的员工大多世代在泸州老窖工作，按口授心传的传统作坊模式来进行手工生产，而中层干部多是酿酒世家出身，小规模家族作坊式生产的概念根深蒂固。在传承传统工艺精华的同时，也不可避免地传承了许多旧观念，他们对新知识分子都持有一种冷漠甚至排斥的态度。

不仅如此，有些老同志甚至极端地认为：“泸州老窖酒好销，与知识无关，有没有大学生企业照样发展。”而此时，老窖对大学生的培养也没有很明确的计划。

大学生被引进企业后该何去何从，又该怎样让他们与老窖的历史、文化、价值，甚至企业的传统相融，泸州老窖忽视了这一点，以至于对知识分子的误解和偏见在企业底层愈演愈烈，逐渐形成一股风气，夹杂着错误观点的标枪甚至戳向了风华正茂、血气方刚的新进大学生。

3.

打响了“罗汉会战”第一枪

1989年5月6日，为适应消费需求而兴建的罗汉四千吨酿酒基地千呼万唤始出来。这个被中国白酒知名专家沈怡方称为“看见了中国白酒新希望”的“现代化工厂”，成为了沈才洪在内的大学生们梦开始的地方。

从基地竣工之日起，罗汉基地就随即开展了“艰苦奋斗，团结会战，产酒一千二百吨”的生产大会战。沈才洪和其他大学生一起，满怀激情地参与到这场在泸州老窖厂史上重要的生产战役中。大家个个摩拳擦掌，一展身手的时刻到来了，这么久在厂里手足无措的窘迫日子终于可以一去不复返了。

生产期间，罗汉基地实行的是三班循环制，也就是：人停，机不停。对于习惯朝九晚五三点一线生活的大学生来说，这种黑白颠倒的作息时间无疑是人生路上的序曲，不过这样的错乱生物钟也是可以调节适应的，可随之而来的猜忌和敌意却是无法消除的。

包括沈才洪在内的大学生清楚明白这种敌对意识，大家只能小心翼翼地做事，唯恐一个不小心就踩到一个“大地雷”，将自己和同类炸得体无完肤。大家很是过了一段担惊受怕的日子，可是，导火线还是被引着了……

在一次晚上的工艺检查中，一名大学生发现工人将蒸熟的粮糟直接向凉糟机上倒，而不经人工摊晾，严重违反工艺操作规程，这样必定会影响该甑糟的入池温度，进而影响窖内发酵。那就不是简单的操作问题，而是要影响成酒的质量了。这名大学生立刻走上前制止。

“你怎么可以这样违反工艺操作程序呢？这样是错误的！”

也许是心里着急，怕错误酿成，这名大学生的语气很不客气，这下就惹火了本就看大学生不舒服的工人师傅。

“看来我做了几十年的工艺，还没有你刚出校门的毛头小子懂工艺喽？”

这话听起来极是刺伤人自尊心。

“你！你怎么可以这样？我只是指出你不能这样违反操作流程而已！你为什么这样阴阳怪气地讽刺我？”

“我就说你不懂工艺，你还不服气吗？什么大学生？多认识几筐字就了不起？”

矛盾就这样爆发了。

年轻气盛的大学生和具有抵触情绪的工人发生了言语冲突。事情过后，工人们便开始谣传：“大学生在工艺检查时动手打工人。”这样的言语无疑具有强大杀伤力，本来没错的大学生因为这样的谣言背上了大黑锅。

在罗汉会战圆满结束后，大学生代表生产技术处到生产车间检查，当涉世尚浅而稍显稚嫩的沈才洪一干人等来到那晚发生冲突的班组时，就有一群工人师傅当着他们的面毫无顾忌地说：“大学生真是没用，红糟、母糟都分不清！”

其实，这对于沈才洪他们来说，就好像是区分黑白一样简单，怎么又会分不清呢？就这样，这种无中生有的传言对大学生的群体形象无疑是极负面的评价，满腔热情和全心的付出就换来这样惨淡的结果，不服输的沈才洪第一次感受到了生命的阴沉。

他在日记里写过一篇《论“忍”》，他是这样阐述的：国人不但以“勤劳”（力）而著称，还将“忍”当一种古老相传的美德而继承下来，国人时时、事事均讲“忍”，“和为贵”、“和气生财”，“忍得一时之气可免百日之忧”。因为祖先在造字时就将玄机藏于字中，心字头一把刀（刃），任它怒火胸中烧，身如菩提或自灭，心似明镜气自消——忍的真义……

这是沈才洪所认为的“忍”的诠释。联想到工人师傅所给的不屑的侮辱，沈才洪是在“忍”吗?

不在沉默中爆发，就在沉默中灭亡。在那个工人师傅哄笑的时刻，沈才洪握紧了拳头，他告诉自己：一定让工人们消除对大学生的误会！大学生不是没用的“识字机器”！

4.

这一声“沈大学”得来不易

“花季过后，那个等待果子成熟的漫长岁月中一定是淡季，也许我们的生命都是在等待中成熟，又在等待中消磨，可是无论人生如何坎坷、暗淡，我们只要爱过、恨过、笑过、哭过……生命都该无悔”这是从沈才洪的个人日记中摘录下来的句子。这段话很好地概括了他参加工作的心态。

沈才洪刚走进泸州老窖时，迎接他的不是老窖人的满怀热情，相反的，他和其他大学生遭受的是难以理解的冷遇和横空而来的排斥。

只能等待，只能在等待中引导自己融入老窖的文化里，并且以自己所学为老窖的发展献力献策。

沈才洪想证明自己不是只会读书的机器。可真正做起来，才发现现实和理论的差距——自己虽有大学期间出色的生物工程学成绩做坚实的理论基石，而在眼前这个实实在在的实际操作现场，他却无从下手，这是所有刚毕业的大学生参加工作后都要遇到的第一个难题。

怎么办?

只是仰首问苍天是于事无补的，沈才洪在一阵内心的慌乱之后平静下来，他当然知道，理论一定要化入实践之中去，也只有在实践中，起到或是引导或是反作用的理论才会真正地发挥它的价值功效。

沈才洪陷入深思。怎样将扎实的专业知识融合到酿酒生产中，从而优化原有的生产技术、创造经济效益，让泸州老窖的生产工艺继续领先同行，一系列问题接踵而至，困扰这位初出茅庐的酒界后生。

这是要很长一段时间之后才轮到沈才洪去思考的问题，可是，在那个翻来覆去不能成眠的秋夜，他想了很多很多。耳听得宿舍外的秋风簌簌抚过树梢，还有轻轻的“滴答滴答”的声音，他一开始以为自己听错了，过一会儿声音开始变得密集和急促，才知道是雨脚。

“下雨了。”沈才洪对自己说。想起那句：雨打芭蕉，词语里倒是一片好景，可是在这秋夜想来却怎么都不是个滋味。抚抚胸口，宽慰自己是想得太多了，眼见窗外要泛白了，这雨明明是“早雨”呢！赶早赶早，才能做好。

既然自己不会，那就去学吧！还不信那个邪了——自己就不会酿酒了？我沈才洪就这么轻易认输了？开玩笑！

如此反复几次，天亮了。一宿没睡的沈才洪翻身而起，反倒是神采奕奕。他知道自己该走怎样的路了，难道，这还不够令人兴奋吗？太阳每天都是新的。走出宿舍奔向操作车间的时候，沈才洪的心情出奇的好，已经很久没有这种感觉了。

和在泸阳酒厂实习时一样，虽然升任了工艺员，但是当时的他依旧和酿酒基层员工一起工作在酿酒的最前线。在酿造车间，他光着膀子、打着赤脚和工人们一起起糟、挖窖、翻窖、上甑……

一开始，工人们都不相信，这些满肚子知识、理论，但却笨手笨脚的知识分子老九，吃得了这种重体力活儿的苦。沈才洪则拼命告诉自己，不能在工作的第一道坎前面就越不过去。坚毅的他发扬特别能吃苦的品质，在操作上一拍也不落后在工人的后面。

工人们拌料，他也帮着拌料，工人们挖糟，他也跟着挖糟，工人们上甑，他端着粮糟的手臂支撑不住，不住地抖，他就用手死命按一会儿，然后继续干，边干还要边和老工人学习怎样施力，什么时候用多大的力道，嘴巴不停地问，大脑不停地记，手里的活计也不能慢下去。

和工人师傅当场一起操作还好，可以不懂就问，但是工人下班之后，沈才洪还要自己在车间多练上很多遍无数个小细节，这时就没有人可以请教了，只能自己凭着记忆，再加上自己的理解实行操作。

在泸阳实习期间的操作历练让他对酿酒一线的操作了如指掌，工人发现，他手拿簸箕、耙梳的操作的样子并不显得生疏和笨拙，而是多了几许成熟的挥洒。

经过一段时间的朝夕相处，许多老工人、酿酒师傅对这名戴着眼镜的小伙子另眼相待，不仅仅因为他爱学习、爱问的精神，他坚忍的性格，他的热心肠，更因为他那藏在肚子里的大堆生物知识。许多老师傅不知道的知识，这个年轻人可以信手拈来：好氧性微生物、厌氧性微生物、兼性厌氧微生物的作用；淀粉是如何转化为糖，糖又怎样转化为酒的过程；泸型酒的主体香是己酸乙酯和丁酸乙酯，这些香味物质与窖泥老熟程度的关键性……

这些被他称为专业名词的词，经过他生活化地打比方，工人师傅听起来很是那么回事，也很高兴听他来讲解这酒中的奥秘。很多时候，一群工人围着一名年轻人在热烈地讨论着什么，那其实是沈才洪在讲解生物知识，而工人们就问一些想要了解的问题，请他来解答。

渐渐地，大家发现，知识真是吸引人，大学生就是大学生，他们还是有他们的高明之处的。

当时的老窖，不光是老窖，还有绝大多数的白酒生产厂，很多工人师傅只知道按照传统的生产模式进行操作，而从来没有谁用科学的知识进行系统的归纳，并且详细地去讲解其中的奥秘，沈才洪的到来，让这一切都有了前所未有的改变，又一段时间的和谐相处之下，工人们对这个大学生产生了更深的感情。他们开始对这个“老九”有了几许少有的佩服，亲切地叫他为“沈大学”。

一时间，沈才洪在车间里成了当红的“名人”，很是得到工人师傅们的推崇。如今的沈才洪在回忆起这段时日时，低着头，然后是轻轻的叹息，他说了这样一句话：“这一声‘沈大学’得来不易啊——我所有的努力都有了价值。”

5.

工人师傅的厚待

老窖的工人师傅都是性格直爽、古道热肠的汉子，说一不二。不喜欢你就是不喜欢，把你夸得天花乱坠，说你是仙女下凡都不能扭转他们自有的态度。可是，一旦他们看好你了，那么，对你的好就是摆在台面上的事情，好就是好，没有什么大道理。

沈才洪就经历了从刚入厂经受的冷遇，到后来和工人师傅们打成一片、互相关爱的冰火两重天。他非常明白，工人们都是直心肠，相信事实，也相信真心。

沈才洪就捧着自己的一颗真心和他们相处。

还记得有一年的中秋节，厂里的生产任务重，大家都没有放假回家过节，都要坚守在厂里，大家明白老窖销路好，加班必不可少，所以也是很高兴地聚在一起过节。

每个人都带了自己家的晚饭回来拼凑在一起吃，各家做的菜色不一样，这样合在一起，也就是一个丰盛的节日了呢。和沈才洪同班生产的工人师傅们正在说说笑笑，互相夹菜来吃，开怀地碰杯，刚热闹没一会儿，沈才洪走进车间来了，手里拎着一包东西。

还没待他开口呢，早有师傅叫他了："沈大学，来来来，我们一起喝一杯，庆祝节日！"

他快步走过去，嘴上连声应着，边走边举起手里拿着的东西说："师傅们今天是中秋佳节，我抽时间在市场买了些月饼，我们就一起吃了它，权当庆祝节日了！"

车间里叫好声响成一片，有师傅就接过他手里的月饼，切开放在空着的饭盒里，摆在大家的面前，顿时车间里的气氛更是高涨了。

被招呼坐在正中间的沈才洪挡不过工人师傅的盛情，接过被斟得满满的酒杯，环顾一周，对着笑意盎然的大家说："感谢大伙儿这段时间对我这个小青年的照顾，我都记在心底了！今天是中秋佳节，我就敬大家一杯，以表达我说不出来的谢意！祝师傅们节日快乐，家庭幸福美满！"说完，仰头一饮而尽，师傅们也极是感动，纷纷干了杯中酒。

"沈大学，你也是个不错的小伙子了！你有知识还能出力气——有前途！"有师傅就说了。

"谢谢您！我再敬您一杯！为了您长久以来给我的指导！"他置身在师傅们中间，觉得全身都是暖的，尽管此时的天气已经有些秋寒了。

"沈大学，以后多给我们讲讲白酒香那档事儿，我喜欢听！"有个声音说。

"我会多给您讲的，讲多了，您也就会对咱们的酿酒工艺有研究了，这样对咱们的老窖好，我巴不得我们老窖的所有的工人师傅都爱听我讲白酒香那事儿呢！”沈才洪笑得极是开怀。

“沈大学，我家今晚做的菜不错，来尝尝……”有一个声音叫他过去。

“沈大学，你……”

“沈大学，我说……”

“……”

那个中秋之夜，沈大学的名字在空气中久久回荡，沈才洪的心也在厚重的酒酿香味儿中飘飘悠悠的，这个夜晚，他太高兴了，不是吗？工人师傅们如此厚待于他，就是对他的认可和信赖，也就是对老窖里的大学生群体的认可和相信，他以自己的努力终于改变了大家对大学生的偏见，这真是太令他高兴了！

许是内心的大欢喜和小欢愉太多，沈才洪和师傅们喝酒喝得尽兴，在不知不觉中昏昏睡去，睡梦中，他看见天空特别蓝，没有一丝白云，真是一个绝好的天气啊……

沉睡在美好梦中的沈才洪并不知道，早上开工时间到了，他还是没有醒，有位师傅刚要开口叫他，就被另一位师傅止住了，看他睡得香甜，大家也不再忍心叫他。

沈才洪醒来的时候天已经大亮了，自己盖着厚厚的御寒大衣，不用想就知道是师傅们给他盖上的，再一看手表——不得了！都九点了！赶紧爬起来奔去车间上班，远远地看见他跑过来，有工人就对他摆摆手，示意他不要着急。

原来沈才洪的工作已经被他们代做完了。一瞬间，沈才洪不知道说什么才好，一片真心相待，果然也是得来真心。

这样的质朴这样的善良，令沈才洪在多少年之后回想起来仍是止不住地感动。念想起那次的厚遇，他觉得幸福无比。

直到后来沈才洪成为泸州老窖的中层甚至是高层的决策者，他都一直深受工人们的喜欢和爱戴，也许这正是沈才洪的个人魅力所在吧！

第四章 历练中成长

在升迁面前端正心态

潜心搞好岗位训练

『练兵场』上的磨砺

厚积——为了薄发

1.

在升迁面前端正心态

作为一名刚刚参加工作的大学生来说，沈才洪的个人能力、工作业绩都是非常优秀的，于是企业内部对于沈才洪有一个提拔，这个提拔是对于他工作能力的褒奖，本以为这个提升会顺顺利利地来到，可是谁曾想到会节外生枝呢？而且这个意外也是无法控制与扭转的。

从计划经济到市场经济，国营企业的管理经历了政府主导，管人、管事、管物、管过程、管结果的“全面”管理到企业自主经营，政府仅管资产、管结果的转变。

在计划经济时代，国营企业人、财、物均受到上级主管部门的限制，在那种大环境、大背景下，国家对于国营企业的生产，特别是企业自主用人的干涉是空前强大而又生硬的。

这样的体制也就造成了沈才洪工作之初的一大遗憾。

事情是这样的，王明藻出任泸州老窖酒厂领导期间，厂里准备提拔沈才洪担任领导岗位，就在他的任命书即将公示的前夕，市委组织部的红头文件十万火急地发到了企业，这张令纸生生限制了企业对于人才的自主选拔与任命——也就是说，组织上让你提拔谁，你才能提拔谁。你企业想自己提拔人才，是行不通的！

于是，沈才洪的升迁被生生抑制住，本来阳光绚烂的工作之路刹那间变得崎岖，他觉得离自己的梦想更遥远了，敏锐的心跌到了谷底。

这样的事情发生在任何人身上都会造成不小的伤痕，饶是一贯坚强的沈才洪也不例外。在他的心情最郁闷的时刻，同为大学生的同事们纷纷过来宽慰他，还有许多对他另眼看待的工人师傅也三五成群地走进他的宿舍，来找他聊天，放宽他的心，领导们也找来他谈心。无论面对的是语重心长的领导们，还是同处在一条起跑线上的大学生同事，抑或是古道热肠的工人师傅，沈才洪都是微笑的，好像这件事情并不是发生在他的身上一样。

笑容的背后是怎样的失落？但凡有一定人生经历的人，都会懂得。

不过失落过后呢？该走的路还是要继续。泰戈尔说过：若是你还在为错过太阳而流泪的话，你也将会错过璀璨的群星了！

幸运的是，沈才洪没有因为挫折泄气。他一边用看过的书籍中励志的话语来鼓舞自己，一边将自身情况与工作实际相结合，在比较中发现问题，在遗憾中得到警醒。

很少有人会这样否定自己吧，沈才洪是一个。他在比较中发现自己的专业知识还非常浅薄，并且对于自身能力也开始抱持怀疑的态度，他并不是妄自菲薄，他只是觉得自己还有很大的提升空间。那么，这次的升迁不成倒是一件不折不扣的好事情了，这下，他可以安心在基层锻炼了，有了这次经历，他看待事情的角度也会科学、成熟得多，坏事也是好事，看待事情要一分为二……这般看似混乱的自己剖析，对于沈才洪来说却是非常有价值，他从这件对于一般人来说的憾事里提炼出了专属于自己的成功因素。

当再一次太阳升起的时候，当再一次踏进生产车间，沈才洪已经将升迁不得的遗憾抛到了脑后。中考的失败促成了他的高中，高考失利又神奇地促成了他的大学，他的大学又将他和泸州老窖拴在一起，谁知道这次的曲折后面又会发生什么样的事情呢？要知道，命运的每次安排都有她的道理呢！

2.

潜心搞好岗位训练

1988年沈才洪走出大学校门就走进了泸州老窖的厂门，在原泸州老窖酒厂罗汉分厂三车间做酿酒实习生，1990年以后，他从总厂生技处下调到罗汉任生产调度员，从工人、工艺员到生产调度员，协调管理下面的几个车间，负责酿酒生产、后勤、维修、电站等一系列繁琐的工作。那段日子里，他脚不歇、腿不停，更没有上下班的概念。车间就是他的办公室，车间就是他的家。上班时与工人师傅解决酿酒输气管道问题，凌晨两点和电力维修工共同处理生产中遇到的短路、停电、停气事故。反正你别想看到他安安静静地坐在办公室里，他的职责是协调罗汉分厂生产、酿酒原料、生产包材等方面的问题，在罗汉，他一个人承担这一切，其间压力可想而知。

要做就做到最好，这是成功者的信条，也是沈才洪的信条。一入酒道身不返，从此只为酿酒人。自1988年到1997年，他接受了长达十年的基层锻炼，先后在酿酒、科研、制曲、基酒、酒体设计、生产管理、包装、质量检验等生产环节经受全过程式的岗位锻炼。

从1989年到1991年，他一直是泸州老窖酒厂生技处、调度室的工艺员。这个时间并不长，正如沈才洪自己所说：“在酒厂，没有十年成不了行家能手，在酿酒岗位上没有三、五个寒暑的历练，根本连门都入不了。我现在到车间用手一捏酒糟子就知道产酒的质量状况，并可了解这个企业的工艺水平。”

行家一出手，便知有没有。在老窖历练了如此之久，他才说出这样自信的话语来，我们足可以想见酿酒这门技术真的不是一门简单的活计。

“风物长宜放眼量”，荣誉是暂时的，但事业格局和个人的成长却是永远的。他需要的是事业上的历练。

生活是厚爱沈才洪的，十年的潜心熟悉、钻研酿酒工艺给他带来了丰富无比的经验积累，也就是这样的一个十年，锻造出了一名身心皆优异的酿酒工程师，也正是这样的一个十年，为以后沈才洪走上企业的中层乃至高层领导岗位奠定了坚实异常的基础。

要成为一名酿酒工程师是需要天生的健康身体，再就是感觉器官要敏锐，而想要成为一名酿酒大师，在这些基础要求之外，还需要极高的悟性、耐性等自身素质。

这十年间，沈才洪从一名工艺员到工艺研究室主任，再到分公司的工艺员、副主任，岗位的不断调整从正面展示给了我们他的勤勉与努力，一分耕耘一分收获，滴下的汗水是他成长的见证。

1997年，是沈才洪老窖人生的一个重大转折点，这一年，他被任命为制曲分公司经理。

“1997年，为改革国企管理积弊，公司实行内部市场化管理，我到制曲分公司任经理，产、供、销一体化全面负责。这对我来说是一个锻炼自己全面管理能力的机会，我还尝试将曲药生产市场化，于是就有了后来的行业第一个品牌曲药——‘久香’牌曲药，并获得国家原产地标记注册认证。”现在的他已是老窖高管团队成员，现在回想起来制曲分公司的成就，他还是由衷地开心。

自那时起，他走上了全面管理之路，并在2000年调任股份公司生产部部长，负责泸州老窖全面生产管理。

从一个平台跳到另一个更大的平台，也就给了沈才洪一个更为广阔的天地，他如鱼得水地展开手脚，施展抱负。

谁能敌得过岁月的流转呢？命运的每一次选择都有其自己的理由。

3.

“练兵场”上的磨砺

如果说走进泸州老窖十年之后，沈才洪的事业才一步步迈向巅峰，那么，在他走向辉煌之前的大学——四川轻化工学院便是名副其实的“练兵场”了。

四川轻化工学院（于2004年与自贡师范高等专科学校等高校合并为四川理工学院）和泸州老窖的合作关系由来已久，老窖为学校培养学生提供实习基地，也在学生中发现、引进、培养大批管理和技术骨干。学院生物工程专业成立以来，就与泸州老窖建立了良好的“产、学、研”合作关系，学院有很大一部分相关专业学生先后到泸州老窖公司进行教学实习及生产实习。并且这些学生毕业后大部分会选择到泸州老窖工作。

沈才洪便是其中之一。

当在高考志愿书上郑重写下“四川轻化工学院”时，他的心里就已经笃定要与生物工程、与酿酒相连在一起。有目标的人前进总是极有动力的，所以沈才洪在学校里并不像一般的大学生一样，迷迷茫茫混日子，拿张毕业证，找份工作。

沈才洪知道自己的志向在哪里。披星戴月、囊萤映雪、凿壁偷光、闻鸡起舞或是头悬梁锥刺股……你问沈才洪有没有这样读书呢？他一定会告诉你：没有！

是的，沈才洪不会在考试前抱佛脚，也不会在深夜大家都睡着的时候打手电筒读书，他只是做他自己而已。他本就生性聪颖，加之勤勉，所以轻松掌握专业知识对他来说不是什么难事。

还是爱看书，自小就养成的习惯改不掉。轻化工学院的图书馆把他的这个习惯养得更是根深蒂固，那样一个大的图书馆，有着多少沈才洪感兴趣的书！

看书的时候，他总希望一天可以有五十个小时，可以看那么多爱不释手的书卷，可以在不同层面、不同构造的文化中悠悠而行，尽享天下大喜大悲、大起大落、大成就和小落寞。

他的涉猎广泛令他后来大受其益，他的发散型思维，令他在后来的岗位上大展拳脚。

轻化工的老师也给了沈才洪最无私的帮助，学校以自己得天独厚的温床，培育具有创新精神和实践能力的高素质应用型人才，源源不断地输出人才。沈才洪便是其中之一。

生命正散发馨香的沈才洪，在大学里，在自己的青春里左突右冲，时而翱翔浩瀚星宇，时而在一隅反省沉思，就这样，战士将要以全新的面貌走上战场——人生、社会、泸州老窖。

4.

厚积——为了薄发

在泸州老窖各个岗位历时十年的锻造，沈才洪自觉也是该出炉的时候了。这个时候他已经凭着自己的优秀成为负责老窖全面生产管理的生产部部长了，厚积薄发，且看沈才洪如何在他的岗位上出人意料，做出扭转乾坤之举。

“是在2000年，我参与公司高端白酒——国窖1573的打造，利用泸州老窖独有的国宝窖池（全国唯一连续酿造400余年）开始了‘国窖酒生产工艺技术’的研究，最终使国窖1573成为公司的旗舰品牌和中国白酒超高端品类的杰出代表，也因此我走上了公司高管团队。”沈才洪只用几句话就将他和老窖为了研制“国窖1573”所作的努力道尽。

或许他本就不善口上标榜自己，也或许其间的辛苦漫长老窖人都是有目共睹，他不愿赘言。可是，从“沈氏语录”里，我们可以浅浅地想见一些个中繁芜。

“中国白酒香型太多，酒文化也太深奥，国内消费者尚且都分不清楚，中国白酒又如何国际化，如何让洋人掏钱？！”

走出去，把中国的酒营销到外国人手上，这是中国白酒最欠缺的一块，也是为什么沈才洪要在老窖酿造惊世国窖的动力——他要酿造出一款可以在世界白酒吧台上熠熠生辉的经典白酒。

“但随着中国国力增强，尤其是经济实力增强，将带动文化交流。中国的崛起和发展伴随着中国文化的流行，为此，我们坚信中国白酒会真正走向世界，外国人将学会喜欢饮用中国白酒，就如同我们学会喜欢好莱坞大片一样。”

正如沈才洪所说，外国人将爱上我们中国的白酒，并且还会“摆上洋人的宴席、酒柜，流行于酒吧”。

目标是宏伟的，但落实起来谈何容易？沈才洪当然深知其中艰辛，但这条路不走不行！他张扬却不张狂，自信却不妄自尊大，有目标有动力，坚信一往直前，定能打造出一片中国白酒经典的别样洞天。

第五章 人生在泸州老窖发酵

思考出效益 妙手克难题

醉心『泸型酒』的研究

『指评法』的发扬光大

扬起科技之帆 领航中国酒业

『著书立说』写心得

1.

思考出效益　妙手克难题

下面的这串冗长的头衔可以说明沈才洪的身份：重庆大学生物学院工程硕士，泸州老窖股份有限公司董事、副总经理、总工程师、教授级高级工程师，博士生导师，首批国家级非物质文化遗产传承人，国家一级品酒师，中国商业联合会白酒技术协作组组长，国家白酒专家，中国酿酒工业协会白酒分会技术委员会委员，生产许可证白酒审查部注册高级审核员，首届中国酿酒大师，全国劳动模范……

主要从事的研究领域：浓香型白酒生产技术、产品研发及管理工作。

三十岁，古人说：三十而立。三十岁之后，沈才洪迎来了他在酒道坚守十多年以来，第一个繁花似锦的春天。

如今的泸州老窖产量、质量节节攀升。然而在1999年以前，泸州老窖酒的优质比例并不高，优质酒的产量也不足。如何提高好酒的数量和质量，从而给企业创造利润？

1999年6月，沈才洪担任基酒分公司经理，受命承担起该课题的研究工作。

那段时间，刚做经理的沈才洪和之前做工艺员并无二致，他起早贪黑，跑在生产车间，和工人一起上工，每一道工序仔细又仔细地看过去，或是皱着眉头思考或是看着酒糟发呆。有好几次工人都碰到他在粮糟前面发呆，这一愣就是很久，不说话，不动，工人叫他也没有反应，有工人就走过去询问："经理，有事情吗？"

他还是听不到，不知道神游哪里去了，只能等他自己"醒"来。

那段时间，晚上回到家的他，吃完饭就开始挑灯夜读，查相关书籍，看行业资料。

他拓宽思路去找原因，积极设想，在这期间，他走访一些民间的酿酒老工艺家，向他们请教增加有可能的原因，和企业内部员工召开商讨会议……

除了适当延长发酵周期等工艺调整外，有没有其他方式，来提高产酒中优质酒所占比例？

接下来的一段时间，沈才洪深入班组研究起了粮食配料比的关系问题。

高粱比例多少？水多少？曲多少？糠多少？一遍遍地实验，沈才洪爱思考的天性此时被激发出来。作为一名泸州老窖的中层管理者，他深切地明白，这一问题的解决将给泸州老窖带来长远的经济效益。这个问题一天不解决，他就一天吃不下、睡不着。

功夫不负有心人。沈才洪终于找到了方法，除进行工艺调整外，他还对发酵的粮糟比例进行了调整。

1999年以后，泸州老窖酒的优质比例大大提高，财务数据显示，就在当年，他为企业创造效益数百万元。沈才洪勤于思考、勇于实践为企业发展创造出了可观的财富。

2.

醉心“泸型酒”的研究

泸州老窖——“浓香鼻祖”，而作为泸州老窖酒酿制技艺的现代传承人，沈才洪对泸型酒的继承与创新作出了很多努力。

作为一名青年科技人才，他积极投身于酿酒领域的科研工作中去，先后组织开展了十余项科研项目，有六项科研成果获省部级奖励，并获得两项国家专利。对以泸州老窖为典型代表的浓香型白酒（被誉为“泸型酒”）可以说是贡献非凡。

这些科研项目有“应用微生物技术窖外发酵香醅的研究”、“泸型大曲新工艺技术研究”、“泸型酒酿造的操控工艺研究”等子项目，这些项目在继承泸州老窖传统酿造技艺基础上作出了新的突破，形成了新的工艺模式。

而“泸型酒浑浊（沉淀）及澄清过滤工艺研究”则系统地分析了泸型酒中造成低温可逆失光、低温可逆油珠以及货架期不可逆沉淀物成分；科学地研发了储存、加浆、过滤等生产过程的新工艺、新技术、新设备，有效解决了生产和销售中存在的三大问题。这只是沈才洪对泸型酒所作的创新贡献之一。

沈才洪的另一大贡献是“泸州老窖基酒输送计量管网及管板集中控制系统”，该科研项目率先在白酒行业基酒输送中采用质量流量计和管板集中控制技术，减少了运输环节造成的酒损和长期以来计量不准的问题，更新了原有酿酒生产流转模式，实现了连续化工业生产，引领白酒酿酒生产装备向现代化迈进的方向，在白酒基础酒生产管理中达到国内同行业先进水平。取得了显著的社会效益和经济效益。据2003—2006年统计，这项技术创直接经济效益2343万元。

不仅在科研项目上取得了不小的突破，沈才洪在学术上也是贡献斐然。他创造性地提出了“泸型固态白酒窖内发酵模式”、“有机酸控制酒精发酵”、“窖外发酵生香”、“微氧环境曲药发酵”、“酒体层级设计”等多个新理论，这些理论在前人的基础上进一步优化了白酒生产。

此外，他还带领科研组构建了质量稳定模式和双线检验质量把关模式，为在中国白酒市场处于霸主地位的全国浓香型白酒的生产技术进步，起到了推动作用。

他就如何提高浓香型大曲酒产量与质量、降低消耗、探索发酵机理、提高酒体设计水平、加快企业信息化与现代化建设等方面进行了研究与整合讨论，这些成就和工作极大地促进了行业的技术进步和发展。

他所做的这些，为“泸型酒”继续引领中国白酒业之先，铺垫了更为深远的大道。

3.

“指评法”的发扬光大

所有的成功人士自有其一套不同于寻常人的立身处世的方法，他们在小细节上不拘泥，却也不马虎；做起事情来干脆利落，对待社会心怀感恩。

沈才洪就是其中之一，将泸州老窖的“指评法”加以拓展，将传统技艺又一次以新的理念来阐释，从而在科学的角度上更为可行和先进，这是他在传统技艺上的又一重大贡献。

所谓“指评法”是沈才洪继承国家非物质文化遗产传承人赖高淮等泸州老窖老一辈酿酒大师多年实践基础上，完善并总结出的一种辨别酒类品质的方法。

“指评法”是泸州老窖酒传统酿制技艺之一，经过几十代酿酒艺人的传承，日益成熟，成为行内鉴别酒质好坏的秘诀。

但是，传统秘诀只流传于业内人士之间，普通消费者对此并不掌握，即便偶有耳闻，也只是管中窥豹，略知一二。

门户之见、自闭保守的做法无形中在酒与消费者之间筑起一道高墙，消费者不掌握鉴别酒质的方法，自然会影响他们的购买欲望。

怎么办？要将“指评法”发扬光大，推广开来，让普通消费者也能掌握这一方法！这是沈才洪的初衷。

于是，沈才洪创造了通过看酒花、捻酒液、看挂杯、尝入喉、闻酒香等简单方式来辨别酒的好坏的方法。这种简易的“指评法”通过不断的传播和推广，已经形成了一套完整的体系和方法。

这种方法简单并易于操作。方法如下：第一，手捻酒液辨别。好酒含有大量微量成分和酯类成分，酒挥发掉以后，手指上有黏稠性、丝绸感、柔滑，有女性用护肤品之后的滋润感觉。第二，酒滴肌肤鉴别。将酒沾在手背上，消失得越慢、挥发越慢，这样的酒就是好酒，因为酒液所含的微量成分很多，故而微量成分就会在皮肤毛孔上留下痕迹。相反，质量差的酒微量成分少，故而酒液很淡，很快就挥发掉了，基本上没有什么痕迹会留下。第三，搓揉酒液鉴别。以指沾酒在手心里搓热，酒挥发掉后用鼻闻香，闻起来舒适即好酒，闻起来难闻有异香、异味，一般便是差的酒。第四，酒花鉴定。通过倒酒观察酒花大小均匀的程度。真正的纯粮固态酒是很均匀的酒花。上述四个方法可以作为判断酒品质量的感官辅助手段。

沈才洪将以前仅仅流传于酿酒师傅中的“指评法”加以简化和更为科学化了，将这种评定酒品的方法带进大众中去，真正地惠及众人。

4.

扬起科技之帆　领航中国酒业

推动企业前进的真正动力是什么？

技术人员出身的沈才洪心里很清楚：那就是创新，依靠现代科技力量的创新。

“我们传统的酿造工艺是一代一代传承下来的，对于我们来说，不仅要继承，更要发展。我们知道我们的酒香，口感好，但是为什么是这样？就必须借助现代科技的手段去分析，酒里面含了哪些对人体有益的微量成分，这些微量成分是怎么形成，怎么转化的？”在接受央视采访时，沈才洪这样简单地概括科技对于酿酒行业的作用。

只有在科研、创新上走在行业的前面，泸州老窖才是真正的行业的排头兵。这是沈才洪的理念，为了贯彻这个理念，他同张良等公司高层一道，精心设计，打造了一条完整的科技研发链条——前端建立中国白酒金三角有机高粱研究中心，中端以国家固态酿造工程技术研究中心为推手，后端以国家酒类检验中心为保障。

两项国家专利，七个国家标准，七大核心技术，在白酒行业权威刊物公开发表学术论文七十余篇，有七项科研成果获省部级奖励。

这些简单的数字，是沈才洪等人在科学的花海里采撷的几缕芬芳。

沈才洪提出了泸州老窖“以浓香为主，多香并举、调味酒极大丰富”的生产战略。使公司优质原酒滚动储存量达到20万余吨，确保了公司产品的内在品质，从而为国窖1573品牌塑造提供了强有力支撑。

泸州老窖作为泸型酒的领衔者、传播者和实践者，一直以来都以“浓香天下”为己任。沈才洪在以泸州老窖公司牵头组建“四川省白酒工程技术研究中心”中，担任中心副主任职务；在四川省科技厅组建的全国第一家“酿酒生物技术及应用四川省重点实验室”中担任学术委员会主任职务。

沈才洪在大学期间的所学，在参加工作之后的积累，在生产一线的感悟，淋漓尽致地倾注到了科研上。

还记得上大学时，他们对于窖泥的研究吗？历时四百多年泸州老窖窖池为他们提供了研究窖池微生态系统的最好标本。沈才洪作为首席专家，承担了四川省科技厅的《浓香经典国窖1573窖池微生态研究》项目，可谓占尽了天时、地利、人和。

经过研究，沈才洪上大学时心中存留的一些疑问得到了解答，他们搞清了“国窖1573”窖池微生态系统与酒质的关系，初步建立了浓香经典“国窖1573”酿酒微生物数据库，初步寻找到了窖泥微生态的基本活动规律，为四川浓香型曲酒窖池微生态资源的进一步开发利用提供了理论依据，使留存几百年的老窖窖池有了更大的用武之地。

如果说《浓香经典国窖1573窖池微生态研究》是纯科研项目的话，那么与之同为四川省科技厅项目的《泸州老窖物质与非物质文化遗产研究》，则是一个兼具科学性和文化性的项目，是沈才洪对泸州老窖非物质文化遗产挖掘和传统文化保护作出的贡献。

都知道泸州老窖有文化底蕴，有文化含量，但要将其发掘出来，仍然需要严谨而科学的精神。这个项目以中国酒业唯一的“活文物”为载体，从有形和无形的角度研究泸州老窖的物质与非物质文化遗产特征，最终形成并向世人展现一套完整的、发展的以泸州老窖的有形和无形特征演变和厚重文化积淀为双重脉络且两者并举的中国酒文化。

沈才洪在很多研究领域的成果都是开创性的，这是他能获得今天这样广泛认可的重要原因。

《白酒酒体指纹图谱与身份证参数体系研究》是其中代表。这一项目开中国酿酒行业“质量追溯体系”之先河，从酿酒的源头——原粮开始，包括原料的种植、原料的收储、酿酒生产、基酒贮存、勾兑尝评、成品包装、产品销售、售后反馈等全过程的管理，真正实现中国白酒从餐桌到农田的追溯。

这一成果一经泸州老窖实施推广，就在中国酿酒行业引发革命，将中国白酒带入了“有机白酒时代”。

沈才洪主持的四川省青年科技基金会项目之《大曲质量标准的研究》，则揭示了大曲品质的本来面目，验证了中国酿酒前辈“酒之骨”，“酿好酒，必有好曲”等精辟论断，并且确立了大曲的行业标准。

如果说中国白酒金三角有机高粱研究中心是泸州老窖的基础，而国家固态酿造工程技术研究中心是泸州老窖科研体系的技术动力，那么国家酒检中心则是泸州老窖质量的最后一道守护神。

2008年1月，国家酒类及加工食品质量监督检验中心泸州实验基地奠基，次年11月获国家认证。8大系统、20余个实验室、200余台（套）高精尖仪器设备、严密的检测程序，为泸州老窖严把质量关。

科技，这个连接古老酿酒艺术和现代工艺的纽带，在沈才洪等人的手中挥舞得那样自如，沈才洪的个人能力，也在一次次攻克难关中得到淬炼，在这样的淬炼中，这位酒道才俊一步步地攀上事业的更高峰，“直挂云帆济沧海”！

5.

“著书立说”写心得

大凡有独特见地或是研究心得有益于世的人，会写出书来，以惠及众人，也可推动社会文明、文化的进程。

故而孔子去世后，其弟子编辑其言论著成《论语》一书，以圣人字字珠玑的言语给后世人以醍醐灌顶；孙武写《孙子兵法》，以自己的神出鬼没的计谋为自古以来的兵家出谋划策，几千年来风采不逊；荀子、孟子、韩非子、墨子等等诸位大家。都会留下一两部承载着其思想的著作，遗惠后人。

我们在沈才洪的随笔里看到这样的一篇小论：人的商品化与商品中的人情味。人都是一种商品，其能力就是其使用价值，而他内在的品格就是其价值，其人格力量的强弱就是衡量商品价值的尺度。人在推销自己的时候重要的是推销其能力，但更重要的是其人的人格力量。这是他写在纸上的经营理念，写下来的东西来源于思想的碰撞。文字是思想的外化，据此，我们也可以浅浅地知晓一些沈才洪的经营之道。

他在酒道徒步行走了二十载，对于泸州老窖酒的了解可说是知根知底。为自己对于酒的研究做记录也好，对同行或是酒业界有研究学习的价值也好，沈才洪确确实实地撰写、发表了为数不少的学术论文。

1995年他主持撰写的《应用微生物技术窖外发酵香醅的研究》这一研究性文章现身当年《酿酒科技》杂志的头版，这一论文作为中国科协第二届青年学术年会的大会交流论文，得到了与会专家的极大关注和高度重视。一时间，沈才洪跻身备受瞩目的学界新宠的行列。他为有效推动中国白酒的科学化、生态化起到了积极而深远的作用。

还有后来撰写的《专业化制曲的优势剖析》、《中国白酒香型的发展》、《泸州老窖窖泥化学成分差异研究》、《泸州老窖酿酒科技创新及展望》等，这些专业的学术论文都发表在《酿酒科技》、《酿酒》这样的核心期刊上，截至目前，沈才洪仍然笔耕不辍，在繁忙的工作之余，依然提笔亲自撰写，完成近百余篇极具学术研究价值的文章。

从1999年至今，沈才洪在不同的平台上，有不同的经历，有不同的思考，也有不同的眼光，这种种因素作用在他的身上，生生地锻造了一个较之在基层各方面更为优异、突出的领导人。

第六章 『我的拙荆和我』

老酒般醇香的爱情

历久弥香夫妻情

『天下第一曲』的诞生

优雅风尚回 酱香白酒归

1.

老酒般醇香的爱情

都说人生里恋爱时才是爱情，结婚之后就是不折不扣的亲情了。看看沈才洪夫妇，这句话的可信度就要大打折扣了。

他们结婚几近二十年了，和沈才洪在老窖的时日差不多长了。沈才洪常说："泸州老窖给了我一个男人最为需要也最自豪的事业，而她给了我作为一个男人最完满的爱情。"

沈夫人还需要什么样的海誓山盟呢？她的丈夫将她与老窖的地位在心中并举。听闻此言，她轻轻放下手里为丈夫泡的茶，恬然地笑起来。

她是一名能干的女子。工作起来不啻于男子，闲下来又可以信手拈起女红来做，沈才洪被这样的她深深吸引。婚后，忙完了一天的工作，家务事更是一手操持，不见她皱一下眉头，抱怨一声累。同样也在忙工作的沈才洪看不下去，拖着累了一天的身子硬要过来帮忙，却被妻子笑着挡回去："去看看书，歇着吧。饭马上好了，不要你瞎掺和……"

妻子的体贴，给了沈才洪极大的鼓励，她的笑，是他在事业之路上前行的灯塔。1993年后，沈才洪的事业已经跨上一个新台阶，妻子辞掉了工作，做起了真正的贤内助，在家操持家务，相夫教子，全面支持丈夫的事业。

沈才洪喜欢看书，夜深从厂里回来还要在灯下看很久，写文章或是做研究。古语有句话是这样说的：红袖添香夜读书。他们两人不是那般的追求浪漫，都是真心过日子的人。

她会披着衣服起床，给还在看书的丈夫端上一杯泡好的热茶或是一小碟茶点，看书看太久了，夜也深了，她担心他肚子饿；夜里湿气重，即便是在室内，还是冷得很，要去看看他是不是衣服穿得足够多；再或者，他在厂里有什么或是烦心或是高兴的事情，要和她说说，她是一定会仔细倾听的，分享他的快乐或是心忧。有时候，家就是接纳他各种情绪的天然场所。

她深知他这一点。夫妻如此，生活再困苦，也是有奔头的。什么叫相濡以沫，什么叫相知相许，这样也就是了。

绵长的光阴酿制出的老酒般醇香的爱情，在漫长的无限温柔里愈来愈香远益清。

2.

历久弥香夫妻情

20世纪90年代末，沈才洪任发酵工程分公司经理，作为分公司的经理，他肩上的担子很重很重。

那段时间，起初，她经常看到他坐在书桌写什么东西，眉头还皱得紧紧的，她知道，那是他在思考问题。现在的问题已经不是单单一个人的发展问题了，而是一个分公司的前行之路到底怎么走的问题。

白天在厂里要安排工作，回来时已经很晚了，妻子为丈夫热了饭菜，看着他草草地吃几口就又钻进书房里去，心里知道他遇到了很多难以决断的问题，她只能默默地守着他，因为她知道这是最好的方式。

就那样地看着他坐在书桌旁，喝茶，他不知道，杯里的水总是热的，那是因为她每隔一段时间就给他加热水。她的脚步那么轻盈，完全没有让陷入沉思的他有一丁点的感觉。

来来回回地续杯，夜已经很深了。她打了呵欠，可是仍不去睡。他并不知道时间的流逝，钻进思考里的他是最沉着的山，雷打不动。

一直站在书房外面的她打了个冷战——近凌晨了，天是最冷最暗的，人在这个时候也是最容易失控的。为什么这么说呢，所谓黎明前的黑暗就是如此啊！马云曾经在谈到自己的创业史说："成功就在后天早上，可是很多人都会死在明天晚上。"这句话听起来也许很是费解，可是只要你看下去就会会心一笑。

她自然明白丈夫的为人，他不会轻易言输，可是她就是想要陪着他，即便他不知道。

沈才洪一抖，回过神来。他已经在胸中拟好行动步骤了，下面，就要这样走。

她的嘴角扬起一丝笑意。放心了，快步回房去睡。

正如沈夫人其人的不善言语，她话不多，总是用亲身行动去表达她对丈夫对家庭的无比热爱。

现在的沈才洪比以前更是忙碌，是名副其实的"空中飞人"，明明早上还在家吃早饭的，中午也许就要赶到某一个城市去参加酒界盛事了。她总是默默地将丈夫的旅行箱收拾好，将必备的物品收拾好，只要他一打开箱子需要什么都会发现已经好好地放置在那里了。

大爱无言，一家之爱呢？无言更是胜过那许多不切实际的甜言蜜语。沈才洪夫妻相伴多年了，就是这样相互扶持着酿着他们的香醇的爱情老酒。

一个工作，一个支持；一个熬夜，一个相陪；一个心忧，一个跟着难过；一个成功了，一个比他还高兴。

"爱的真谛：一个人若不能和自己真心喜爱的人在一起，那么就算将世上所有的荣耀和财富都给他，等到夜深梦回无法入眠时，他亦同样会流眼泪，即使他眼里没有流泪，心里也会流泪；一个人若是能够和自己真心喜爱的人在一起就算住在斗室里，亦胜过广厦千万间，就算吃粗糠亦胜过海味山珍。"

这是他在日记里的一段话，阐释的是爱情的真谛。他大学毕业刚参加工作时，两人一起过紧巴巴的日子，现在已是衣食无忧的富足生活，但两人的感情还是一如当初。

沈才洪会在好友面前说笑，指着自己的妻子说："这是我的贤内助。我的拙荆。"大家都会会心一笑。谁都知道他们夫妻感情好到不能再好，这是沈才洪这个"山野村夫"在打趣夫人呢，以博得老友们一笑。

两个人携手，经历了沈才洪在事业上的跌跌荡荡、起起伏伏，也一起站在他建立的事业的塔尖，笑对风云起。

在此，我们唯愿这样的一对夫妻在今后的生活里更加幸福美满，携着对方的手，走得稳健，笑得心怡。

汩汩暖流化做工作的动力，激起了沈才洪又一轮的工作热情，更何况，他已拟好了行动方案。

3.

"天下第一曲"的诞生

沈才洪开始行动了。

他的第一次完全意义上属于自己的成功，是主持研究"天下第一曲"。

针对产品单一的、只能生产中温平板曲的传统生产模式，他主持了制曲工艺的创新研究，先后获得"窖泥功能菌固化剂的制备方法"及"浓香型大曲酒大曲及生产方法"等发明专利。

沈才洪通过科学的分析曲药市场，注重产品的宣传，申报"久香"牌曲药商标，将大曲这样一种地域性资源型产品，首次从名酒厂自产自用的"用品"转化为商品。此次创造性的举措，不仅促进了行业整体生产水平的提高，就连企业的利润也上了一个新台阶。

该成果从1998年在公司推广应用以来，每年为企业创造效益近300万元。"久香"牌大曲成为行业唯一国家原产地标记注册保护品牌和四川省著名商标。

“酒业泰斗”周恒刚[1]老先生于2000年参观泸州老窖制曲生态园后，有感于泸州老窖制曲技术的精湛绝伦，挥毫写下了“天下第一曲”五个大字相赠。从此，“久香”牌泸州老窖大曲作为“天下第一曲”声名远扬，威震四海。

2002年，毕生从事制曲技术研究的周恒刚老先生对沈才洪说：“真希望我去世后，能够与‘制曲之父’郭怀玉[2]的塑像一道，立于泸州老窖制曲生态园，看着你们振兴中国白酒业啊！”

2004年6月16日，中国酒界失去了一位泰斗，陨落了一颗巨星。

2005年，遵从大师的心愿，周恒刚先生的塑像与元代“甘醇曲”的创始人郭怀玉先生共同守护在泸州老窖“天下第一曲”生态园。

2005年10月，周恒刚的女儿周心明将其父亲毕生撰写的技术资料一式两套，分别赠予张良先生和沈才洪先生二人，期待着沈才洪等人在制曲方面能够有新的贡献。两人接过沉甸甸的凝聚着老人毕生心血的资料时，分外感动，同时一份更为厚重的使命感也油然而生：老先生如此重托，自是赴汤蹈火，也要圆其心愿!

死者长已矣。生者除了奋起，唯有奋起。

沈才洪没有辜负大师及其家人所托，继续在制曲的道路上跋山涉水，辗转前行，挥汗如雨地继续着新的征程。

他创立的“微氧环境曲药发酵”理论，有效地解决了曲坯规模化机械化生产中皮张后的感官质量问题，同时增强了大曲微生物区系在酿酒体系中的适应性，为公司“久香”牌泸州老窖大曲的专业化生产、商品化经营奠定了坚实的产品质量基础。正因如此，公司“久香”牌泸州老窖大曲畅销二十多个省、直辖市、自治区，并销售到我国台湾和马来西亚等地区和国家，且销售量以每年20%以上的速度增长，同时有效促进中国白酒整体水平的质量提升。

在此之后，沈才洪更是提出一整套大曲质量的判定标准，并且以之为基础，现正与国家标委会和食品研究院合作，在科技部的支持下，研制出大曲国家标准。

4.

优雅风尚回 酱香白酒归

2003年11月，泸州老窖公司控股常德武陵酒业有限公司，使有中国白酒浓香鼻祖之称的“泸州老窖”和湖南省酱香“武陵酒”并肩携手开创了中国白酒企业“一个公司、两块金牌”的先河。

2007年6月，泸州老窖再次增持武陵酒500万股股权，持有武陵酒80%的股权。9月9日在常德武陵酒生产基地举行了盛大的酱香武陵酒启航仪式，全新酱香武陵酒系列正式上市。

武陵，这个位于湖南省西北部，长江中游洞庭湖尾闾的城市，东临长沙，西连川黔，南接粤广，北抵三峡，地理位置显要，史称“西楚唇齿”、“黔川咽喉，云贵门户”。这个与中国酒城泸州同为“全国文明城市”、“国家卫生城市”、“中国优秀旅游城市”、“最佳人居环境城市”的地方，是中国白酒品牌的试水区。

从2004年开始，泸州老窖锁定了这里。2007年，通过购买增持，泸州老窖入主武陵后，便一直潜心耕耘。沈才洪出任湖南武陵酒业董事长一职，他的亲自操刀，使得武陵酒的品质得以保证。

作为中国酱香三大名酒之一，武陵酒有自己的特色和优势，如何发挥这些优势，使武陵酒能够恢复昔日荣光，占领中南市场，是沈才洪一直以来苦苦思索的。

首先在武陵酒的定位上下工夫，沈才洪认为，与在酱香型白酒中占据统治地位的茅台相比，武陵酒优势较小，“其势不可与争锋”，如果把茅台比做酱香型白酒中的元帅的话，那么武陵酒更适合做酱香型酒中的大将军。于是沈才洪将三种档次的武陵酒冠以“武陵上酱”、“武陵中酱”和“武陵少酱”之称。这一锁定精英人士的产品一经推出，便受到世人的青睐。

在酒体的风格上，沈才洪针对财富人士、品位人士的“新精英”人群对“风尚、幽雅、健康”的应酬需求，提炼出“幽雅风尚、武陵酱香”的核心价值。这一独特理念源于武陵酒醇和丰满，酱香浓郁的传统酱香酒特色，又赋予酒体绵软细腻、柔顺幽雅的特色，使之成为酱香型白酒中的新风尚。

沈才洪认为，目前，有财富、有地位、有学识的新生代消费群体一方面认同酱香酒的历史底蕴和品质风味，另一方面又对酱香白酒的口感和文化提出了更高的要求。所以酱香武陵酒成功回归的前提是以独特的风味和文化品位满足其需求，构筑并引领“品位、优雅、健康”的文明饮酒之道、应酬之风。

在发展思路上，沈才洪也设计了“三步走”的市场战略。第一步：立足常德和长沙，用三年时间启动湖南市场，确保武陵酒实现恢复性增长；第二步：立足湖南，用五年时间启动湖北、河南等华中片区市场，使武陵酱酒成为名酒强势品牌；第三步：立足华中，用十年时间，启动全国市场，力争武陵酒成为又一全国性名酒强势品牌。

[注1]

周恒刚：1918年11月生，2004年6月去世。原籍辽宁省旅大市。中国白酒界泰斗，中国二、三、四、五、六届全国白酒评委专家组组长。周恒刚先生是白酒原辅料、中间品及成品酒分析方法的奠基人之一。周老从1949年涉足曲药研究以来，在麸曲酿酒，生料酿酒技术的推广，大曲的功能性研究及其对制曲专业化发展的推动，曲药起源考究，行业文献译注等诸方面，都为中国制曲发展作出了巨大贡献。并剖析揭示泸州老窖“四百年老窖产好酒”的奥秘。

[注2]

郭怀玉其人不仅是泸州酒业发展史上的伟大革新者，亦是第一代浓香大曲酒最早问世的“开山鼻祖”，为后世白酒业的发展作出了奠基性的重要贡献。

张宗本在其所著《阅微壶杂记》第四卷《乡土杂拾》中言道：“郭氏祖籍戎州，而怀玉则为泸产。十四岁学艺，四十八岁创制酿酒新曲药，名曰‘甘醇曲’，用以酿出之酒，浓香甘洌，味醇可口，优于回味……”

当时泸州所产的高粱白酒，味极燥烈。通过潜心研究，郭怀玉从制酒时曲药发酵升温过程过快的状况找到突破口，通过改进药曲温度以及曲药成型状况的反复试验，终于酿制成功了能够较缓发酵、改变酒中燥辣味的甘醇曲。

第七章 巅峰之上的精英战士

经典中的经典——国窖1573

让世界品味中国——中国品味

因您而生的极致品味艺术

入选首届『中国酿酒大师』

1.

经典中的经典——国窖1573

“在负责生产管理期间，我和公司高层都感觉到经济的发展对高端白酒的需求会越来越大，无论从哪个角度来看，泸州老窖都应该生产更高档、更满足消费者需求的产品。”

沈才洪坐在明亮的落地窗下，窗外是泸州很久不曾见的大好阳光。他的语气平淡之中蕴涵着难以掩盖的锐气，眼神深邃，这双镜片后闪烁的眼睛可以看得到社会的发展大趋势，他不是股神巴菲特，也不是微软天才比尔·盖茨，他是沈才洪，泸州老窖的决策人之一，他的一句话不能撼动华尔街，可他的每一个决策都会左右泸州老窖前进的步伐。

这绝非神话。

国窖酒的出炉正如老窖的每一类经典酒品一样，都是经过众多科研工作者的悉心研究，经过无数酿酒工人的反复试验、生产最后才得以走出酒坛的“白酒之王”。

《国窖酒生产工艺研究》是沈才洪的一个重要的事业辉煌点，该研究成果形成了一套涉及原料供给、曲药制造、基酒酿造、基酒陈酿、基酒处理、酒体设计、酒品包装及酒品检验等生产全过程的“国窖酒生产工艺技术”，既是对“泸州老窖”传统生产工艺的总结，又是对“泸州老窖”生产工艺的创新，在保证中国白酒传统风格的基础上，进一步促进了浓香型大曲酒品质的飞跃。

专门建设的有机糯红高粱、小麦生态种植基地是“国窖1573酒”品质保障的前提，符合国家产业发展政策，实现了泸州老窖酿酒生产资源的极大整合，最大限度地保证了国窖酒的上量生产。

该项目研究从“贮存——组合——贮存”基酒陈酿模式，“1000吨罐贮酒——200吨罐组合——50吨罐包装”的酒质稳定模式，“包装——质检”双线检验模式及从基酒酿造到质量审批的质量控制小组等角度形成了一套独特的质量保证体系。该项目成功地利用现代材料，模拟出了传统制曲生态条件，创建了“微氧环境曲药发酵”的理论；并通过对该理论的实际应用，形成了规模化楼盘式的制曲生态园，既极大地整洁了制曲现场又有效保证了曲品品质，形成了国窖大曲独特的生产工艺，为国窖1573基酒独特的风格奠定了坚实的基础。

该成果创立的理论及研究的技术为行业领先水平，以该项成果应用于生产开发的“国窖1573”酒品，具有区别于其它国内白酒的“无色透明、窖香优雅、绵甜爽净、柔和协调、尾净香长、风格典型”非凡品质，成为了中国白酒品质鉴赏之标准，其经济效益和社会效益甚为显著。据2001—2006年统计，累计创造直接经济效益8.7亿元。

泸州老窖是辽阔神州大地上众所周知的名酒，而名酒之所以为名酒最核心的还是因为它的非凡质量。质量不过关的名优酒注定被市场所抛弃。深谙营销术的沈才洪谨守名酒之道，并能以新眼光适应形势，以新手段打造新提升，以稻草人的精神守望着泸州老窖每一次发展前行的步调。

在洋酒大举进军中国，中国白酒直接面临国外竞争的局面下，沈才洪开始思考另一个问题：中国白酒能不能像洋酒一样冰饮？

在沈的心目中答案是肯定的。

实际上，泸州老窖是中国白酒行业内最有资格做白酒冰饮的。

沈才洪记得，国人冰饮白酒的历史是非常久远的，至迟可以追溯到北宋年间。《武林旧事》记载了这样一则轶闻，说南宋淳熙十一年（公元1184年），已为太上皇的高宗赵构和在位的孝宗一起在冷泉堂避暑，御厨呈上两样解暑的饮料，一种是“沆瀣浆”，另一种就是“雪浸白酒”。孝宗劝高宗道：“此物性凉，不宜多食”。高宗回答：“不妨，反觉爽快。”高宗喜欢的这种雪浸白酒即是在酒中添加冰雪所调。如果在今天能实现国窖1573的冰饮，这不仅是对传统文化的传承，也是一种白酒品饮创新，因为这必将拉近中国白酒同国外消费者以及国内年轻消费者之间的距离。

这一想法在旁人看来几乎是异想天开，但是沈才洪心里有个准谱：那就是中国白酒要走向世界，必须过消费者这一关！

于是，沈才洪开始率领他的科研团队昼夜奋战冰饮课题。终于，结果出来了：国窖1573在9—18度之间饮用的口感最好、最舒适！也就是说，国窖1573绝对适合冰饮！自此，一种传承文化、持续创新的品饮方式，堪称“以酒入冰、以冰镇酒”的国窖1573饮用风尚革命性诞生。

同伏特加、威士忌、轩尼诗、芝华士等洋酒一样，中国白酒也可以进入夜场倒入高脚杯，加入冰块，然后极具绅士风度地端杯、品尝了。

敢于想他人之不敢想，能够变不可能为可能，这也许就是沈才洪的风格和作风。

“勤奋”与“钻研”就是悬挂于他心头的两把利剑，企业的成长壮大，个人的进步都笼罩在这利剑的强光之下。“君子终日乾乾，夕惕若”，《周易》是这样说的。沈才洪正是以这样的严格要求来鞭策自己，从而一点点拼出事业的辉煌地图。

2.

让世界品味中国——中国品味

为纪念1573国宝窖池群及泸州老窖酒传统酿制技艺分别列入中国世界文化遗产代表作预备名录和人类非物质文化遗产代表作预备名录，泸州老窖开发出国窖1573 · 中国品味。

国窖1573 · 中国品味，被称为舌尖上的艺术，是以张良、沈才洪为代表的国窖1573酿造大师团队十年磨一剑的呕心之作。它是世界蒸馏酒酿造工艺发展的活文物见证，以其独特的品牌文化和精湛的品质占据了消费者的心灵。

一瓶泸州老窖酒的酿制，首先是作为原料的高粱的选取，然后是窖池发酵，古法酿制出基础酒，再是洞藏陈酿、勾调成酒。作为国窖1573高端系列，国窖1573 · 中国品味，从它诞生之日起，就凝聚了公司高层的心血。

怎么从源头上保证国窖1573 · 中国品味的独特酒体风格？国窖1573的酿造，首选正是泸州已有几千年栽培历史的糯红高粱，尽管这种高粱作为国窖1573的原粮已经证明了其品质，张良、沈才洪等公司高层还是决定，在糯红高粱原有品种的基础之上，进一步进行了提纯扶壮，选优选育。

这种自酿酒原料便开始的量身定做，行业内尚属首家。

一瓶好酒，除了需要优质的洞藏10年以上的基础酒，最考究的就是“勾调”功夫。不同批次的基础酒质感千差万别，同一批次的基础酒个性也各有千秋，“勾调”功夫之妙在于通过合理的搭配、调和，使一款酒达到最和谐、最优美的姿态。

怎么才能达到这一效果？沈才洪和他的团队经历了一个曲折的过程。

3000件酒生产出来了，沈才洪在品了酒的味道之后，并没有露出满意的表情。

这个结果似乎与他的要求有很大的距离。

到底消费者需要什么样的口味？

沈才洪带领泸州老窖酿酒大师团队经过上千次实验，多次深入北京、上海、广州等全国市场，亲自调研当地消费者的口味需求，还亲自拜会白酒行业的专家、学者，最终攻克了多项难关。

口感风格终于确定下来了。

沈才洪和他的团队确定，在原来“绵甜”的风格上突出了“飘逸”的特点，最终成就了国窖1573 · 中国品味“雅韵留香、清新脱俗、醇和绵甜、柔顺飘逸”的独特酒体风格。用三个字来概括，就是“柔、纯、雅”。

柔：醇和绵甜、柔顺飘逸。中国品味的如此口感和境界，离不开以沈才洪为代表的国窖1573的酿酒师们，特别甄选优质基酒和独特的调制秘技。泸州老窖拥有的1619口百年以上的老窖池，数百年来不间断地发酵生香，产生了上千种呈香呈味的物质，再经泸州老窖特有的天然藏酒洞“纯阳洞”10年以上的洞藏而阴阳协调，酒体醇和绵甜、柔顺飘逸，有如贵妃醉酒般万般柔美。

纯：纯净，无污染、没有杂质。

雅：国窖1573带给消费者的综合品饮体验。国窖1573是您能品味到的历史，是中国文化的载体，无数文人雅士常常把自己的情感寄托其中。

谈到国窖1573 · 中国品味，沈才洪自己总结说：“柔”为口感特征，“纯”为工艺标准，“雅”是文化体验。

让中国白酒代表中华民族文化的精髓，让泸州老窖代言中国的品味，这是沈才洪多年以来的梦想，在国窖1573 · 中国品味身上，这个梦想实现了。

3.

因您而生的极致品味艺术

有句话这样说：奢侈品从来都不是给一般人准备的。

放眼世界，CHANEL、GUCCI、PORSCHE等国际奢侈品牌，每年都会吸引时尚达人的追捧。难道他们迷恋的，仅仅是奢侈品所表现的显赫身份吗？答案是否定的，奢侈品之所以为奢侈品，不仅仅因为其价格昂贵，更是因为它代表着某种独特的品位文化。除了物质，奢侈品背后承载的文化与艺术性恰是其价值所在。

沈才洪和公司高层把目光投向了奢侈品，投向了奢侈品背后巨大的商机和品牌价值。

奢侈品往往引导时尚，它们不断树立起个性化大旗，创造着自己的最高境界。“劳力士”、“劳斯莱斯”、“香奈儿”、“爱马仕”、“LV”……它们独巨匠心，追求着纯手工打造，加载给商品无法复制的卓越品质。正是因为技艺高超的工匠赋予了商品独特的稀有性，才为人们的购买创造了理由。

千百年前，在中国寻常可见的丝绸和瓷器在欧洲风行一时，成为贵族才能享有的奢侈品，而在千百年后的今天，在西方普通的红酒却在中国不断引领潮流，改变餐饮习惯，成为人们竞相标榜自身价值的杯中物。

中国入世谈判首席代表、原博鳌亚洲论坛秘书长龙永图说：“奢侈品品牌不应该是外国产品的专利，中国必须打造自己的世界级的奢侈品品牌。”

中国白酒是中国农耕文化的精髓，是最具民族代表性的产业。2010年，中国白酒的主营销售收入超过3000亿元，销量达到1000万吨。沈才洪认为，白酒集中国饮食文化、古典艺术、民间传统技艺、中国传统礼仪文化等诸多文化元素于一身的大成者，是中国文化向世界进行传播的最好载体。

看到了这一点，以谢明、张良、沈才洪为代表的公司高层开始探索中国白酒作为奢侈品走向国际市场的可能性。沈才洪认为：在当今市场经济体制下，中国高端白酒的价格和洋酒的价格相去甚远，洋酒动辄几千、上万，而中国高端白酒茅台、国窖1573酒不过千把块钱。随着中国经济的高速发展，大国经济、大国文化、大国崛起，大国地位在国际上获得承认，中国文化的影响力向国际市场辐射，中国白酒，尤其是具有高文化、高品质含量的超高端白酒，其市场需求会进一步扩大，相信未来仍将不断上涨。

于是，将国窖1573定制酒打造成中国白酒的顶级奢侈品，成为公司的重大战略决策。

定制，因为个性化和稀缺性而奢侈。国窖1573定制酒为满足特定客户而酿制，对酿酒资源和酿酒工艺有着极为严格的要求，同时由于酿造资源稀缺而使每一瓶国窖1573定制酒都是独一无二、无法复制的珍品。国窖1573定制酒所有生产流程都不惜一切代价追求极致，工艺不厌繁复和精细，在工艺和品味上相当讲究和复杂。顾客购买国窖1573定制酒不仅仅是消费酒产品，同时也在品味一门艺术、品读一种文化、享受一种服务。国窖1573定制酒能够让定制者体现无法复制的身份，它不是大众化的消费品，也不是显性的消费符号，它是一种圈层文化，其难以触及的高贵品质和私密的消费行为，也是国窖1573定制酒“神秘”和“传奇”的魅力所在。

公司高层率领的国窖1573定制酒酿造团队，秉承了数百年来的工匠主义精神，一直为打造独一无二的中国式奢侈品而默默耕耘。

国窖1573定制酒作为承载着中国数千年悠久历史文化的载体，作为优秀民族品牌的代表，必然要担负起与洋酒一较高下的历史重任，让中国白酒遐迩流香，香飘五洲四海。

4.

入选首届“中国酿酒大师”

有一次，沈才洪作为国家级的白酒专家受邀到湖北、江西等地考察。来到江西，一家酒厂早就听说了沈才洪的大名，老板端来了两只一模一样的酒杯，告诉他，左边这杯是卖108元一瓶的，右边是128元一瓶的，请他评鉴。沈才洪微笑不语，冷静而沉着地端起了酒杯，先观色，再闻香，然后才缓缓地咂了一小口，回味片刻，让味觉充分感受其细微的差别，再慢慢下咽。两杯酒皆品完后，众人都好奇地望着沈才洪，迫切想知道他最后的答案。人群中也有人议论：“这有什么好评的嘛，肯定是贵的好喽！”

这时，酒厂老板收起酒杯颇有些豪爽地两手抱拳：“请沈总赐教。”沈才洪微微一笑：“要说贵的肯定比便宜的要好了，但这两杯酒则不然，若论酒的综合品质，左边这杯便宜的反而比右边这贵的还好。左边这杯虽然便宜些，但喝得出来，整个生产环节是贯通一气的，因此，这酒最后的口感、香型还是不错的。但贵的这杯，一喝就知道，这批酒的生产环节出了点问题：生产中配料使用辅料过量，致使辅料味带入了基酒中，使成品酒有辅料味，影响了酒的口感和品质。”

此话一出，该老板大惊道：“这真是一语中的啊，这批酒在生产上的确出了点小问题，没想到沈总一喝就喝出来了，真是神了，今天我才算见识了什么叫真正的专家！”

因为国窖1573等产品开发的成功，沈才洪顺理成章地成为了泸州老窖工艺技术的“掌门人”，各种荣誉、成绩接踵而至，沈才洪成为泸州老窖闪耀的明星之一。

2006年在沈才洪主持下，“泸州老窖酒传统酿造技艺”成功申报“中国非物质文化遗产”，成为全国唯一获此殊荣的浓香型白酒企业，再次彰显了泸州老窖的质量信誉与文化魅力。2008年泸州老窖获得首届“四川省政府质量管理奖”，随后“一种酿造浓香型白酒的柔酽糟醅体系”、“一种固定化微生物的制备方法”等发明专利如雨后春笋般涌现。

因为沈才洪在白酒领域的突出贡献，他有多得连自己都记不清的头衔和称号：全国标准化技术委员会委员，四川省专家评议（审）委员会委员，四川省十大杰出青年及泸州市科技杰出贡献奖获得者，四川省优秀专家，四川省学术学科带头人，泸州市杰出贡献奖，享受国务院政府津贴专家等。

2006年12月，中国酿酒工业协会通过在其网站上公示征求意见，最后评定出32人获得首届“中国酿酒大师”称号，沈才洪当之无愧地入选。

这是中国酿酒行业的最高终身荣誉称号，主要授予酿酒工作20年以上的科研、生产、技术、及管理方面的专家，以及对酿酒业作出卓越贡献的酿酒工作者。2006年年初，首届“中国酿酒大师”开始评选[1]，全国有上万人参评。按照规定，必须在酿酒行业工作20年才有资格评选，而1988年才参加工作的张良和沈才洪当时从业仅18年，不具备参评资格。但是因为他们在泸州老窖及行业作出的突出贡献，中国酿酒工业协会决定，允许他们破格参选！

结果，在评选过程中，来自泸州老窖的沈才洪和张良均以极大的优势入选，可谓众望所归。

荣誉等身，成绩斐然，名闻海内，但是沈才洪从不承认自己是明星，若你一定要认为他是耀眼的，他就会告诉你，他只是折射了光芒四射的泸州老窖的光辉，是泸州老窖给了他施展才华的舞台，给了他最大的信任，给了他最强的信心。

如果你是访客，他会极尽周全地接待你，然后和你热情地握手，告诉你，下面将是某某代替他接待你，他有事情需要处理，就先失陪了。你知道的，偌大的一个泸州老窖，处于决策层顶端的人会有多忙。

“忙碌”好像是他在人前永恒的状态。其实，深夜回家之后，脱掉了西装的沈才洪还是那个不能停下来的陀螺。每晚给自己一个阅读的时间，是从年少起便养成的习惯。不过如今他更多的是希望从书里获得灵感与思想。

“名酒的生存法则是什么？质量、文化、科技与专利。”沈才洪对自己也是对老窖人说，他也是这样身体力行的。

今天，我们的酿酒大师在外面是个“空中飞人”，他在繁忙的工作之余，要去拜访世界各地的名酒企业，在觥筹交错间谈笑从容，在谈判定论间挥洒淡定，谈笑中，他将中国白酒的香醇远播海外。

[注1]

首届“中国酿酒大师”的评定工作，从2006年初到年底，历时一年时间。“中国酿酒大师”是酿酒行业（包括白酒、啤酒、葡萄酒、黄酒、果露酒）中最高的终身的荣誉称号，每5年评选一次。主要授给酿酒工作20年以上者并是科研、生产、技术、及管理方面的专家，对酿酒业作出卓著贡献的酿酒工作者。具体标准是：在酿酒领域有突破，并取得重大经济效益和社会效益；技术成果和产品质量为我国同行公认，并在出口和开创国际知名品牌方面做出显著成绩；具有一定的企业管理能力；在推动我国酿酒事业发展和酿酒队伍建设方面有一定贡献。首届中国酿酒大师按照“公开、公平、公正”的原则，几经讨论，从百位酿酒工作者中选拔出在行业中有威望、有造诣、有贡献的候选人。

第八章 百尺竿头，踏实前进

1.

让中国白酒的质量看得见

中国白酒想要走向国际市场，最高的门槛就是有机。因为纯天然无污染，最回归自然的状态才是大家希望得到的。

2001年底，泸州老窖有机高粱基地建设雏形终于被提上了日程。

但是，有机高粱基地建设的过程却并非一帆风顺，这个项目是沈才洪千争取万争取才得来的。

在具有前瞻思想的他刚刚提出有机高粱建设的时候，老窖里反对者的声音此起彼伏："有机高粱建设对粮食原料的过高要求无疑增加了白酒酿造的成本，减少了利润。"

有机高粱的初建者回忆说，"建有机高粱基地的时候，公司的思想还不是完全统一的，按照公司当时跟农户的承诺，达到有机标准的高粱，要以比市场价高出50%的价格收购，这就显著增加了我们酿造的成本。另外，建有机高粱基地，要给农民修水渠、修道路、修隔离带，还要提供种子，提供杀虫灯，等等。这么大的投入，但是它的回报暂时还看不见，于是很多人提议，这个能不能缓一缓？等全国其他行业动起来之后咱们再做？”

沈才洪知道这些声音是为了老窖的发展着想，他们说的也未尝没有道理，对此，他没有过多的辩解，没有多说一句话，而是立刻提交了一份翔实的汇报材料。

沈才洪在材料中这样写道：“全部不用化肥、不用农药的有机高粱，是产品质量的保证。消费者的食品安全是一个负责任的大企业更不可推卸的责任。国家重视‘三农’工作，白酒原粮基地是一个循环基地，整个基地的建设非常顺应农村经济的发展，是良性循环的经济。中国入世后，白酒出口受到了极大限制，外国对中国产品的农残、重金属等方面要求都是非常严格的，外国人注重‘有机’。我们建设有机高粱基地，不是为了服务于外国，更不是单纯地为了赚外国货币，我们的白酒需要出口，我们的白酒需要走向世界，我们的白酒这么优秀，为什么就不能更加优秀，从而让世界认识我们的白酒，爱上我们的白酒呢？而回过头来，要想我们的白酒有足够的资格走进外国市场，并且不会因为任何原因被外国人叫停，唯一的方法就是我们的整个酿制原料都要回归到比较原始的状态，也只有这样，我们的名酒才可以不光在国内有名，在国外也可以有名，而且是大大的有名！

“为什么中国的牛肉在外国市场上会被叫停？因为我们中国的牛吃的饲料不是有机的。为什么我们的蔬菜在出口上也是被卡的严格？那是因为我们的蔬菜都会喷洒农药，也不是有机的。为什么现在倡导‘绿色消费’？因为绿色就是‘有机’的最具代表性的代表！……”

沈才洪的这份资料洋洋洒洒，从中国加入WTO一直讲到中国农产品的出口为什么总是会出问题，究其原因，都是因为“有机”二字搞的鬼。

末了，沈才洪总结了这样的一句话：“有机高粱建设，延误不得！”

正是因为他的据理力争，泸州老窖的有机高粱建设工程在生产史上又掀开了新的一页。

从未停止过观察、思考，从来都是处于第一线的沈才洪在日益激烈的白酒竞争中发现，随着人们生活水平的提高，对食品安全与健康的需求愈发强烈，无论是饮料还是酱醋，或是酒，大家都希望是绿色的、健康的，有着绿色“有机”标识的消费品是消费者最为欢迎的，那么，用有机高粱生产“泸州老窖酒”就顺应了消费趋势、捍卫了“健康食品”的声誉。

从高粱种植到收割，从基础酒的酿造到洞藏，从酒的勾调到出厂，沈才洪和他的团队们为有机白酒精心打造了一个非常严密的质量监控体系，“让中国白酒的质量看得见”，这个口号不仅体现了沈才洪对“有机”两个字的感悟，更蕴涵了他对社会的一种担当，对中国白酒走出国门、走向世界的沉甸甸的责任感。

中国唯一有机白酒认证，就是对沈才洪等人付出的一种认可。

2008是中国的奥运年，也是泸州老窖的有机年，新春伊始，泸州老窖有机高粱基地建设踏上了新的征程。实施泸州高粱“产业化”发展，是从原料上满足以“泸州老窖”为代表的泸州酒实施其质量战略、品牌战略和文化战略的最直观的需求，也是沈才洪寻求的一个新的战略制高点。而“酒城”泸州发展有机高粱生产基地更是具有得天独厚的优越条件，这也是沈才洪在提出基地建设的最起初时看重的。

于是以“泸州老窖”为代表的高粱产业化加工龙头企业，通过高起点介入泸州高粱产业化发展模式，实现“规模化”生产，从而拉动泸州高粱的种植推广，推动新农村建设的步伐，实现了农民增收、企业盈利、政府受益的多赢、共赢的良好格局。

“以后将有机高粱基地与泸州酒业集中发展区建设无缝对接，抢占‘中国白酒金三角’经济高地。紧邻项目区规划总面积达27241亩的泸州机械工业集中发展区和泰黄物流园区，就业容量超过8万人。目前已建成4200亩，吸纳就业8600人。”泸州市江阳区政府主要领导说。

这也是对泸州老窖“一二三产联动，名酒名园名村”战略的具体阐释。

2008年，泸州老窖有机高粱基地成功申报为国家级农业产业化龙头企业，被列入四川省20家省级重点龙头企业。泸州老窖有机高粱建设获得了行业第一家国家级农业产业化龙头企业的殊荣，开创了白酒行业进入农业产业化龙头企业的先河。

2008年8月，公司通过国家有机高粱认证。2010年7月，国窖1573通过有机产品认证——国内浓香型白酒第一家获得有机认证的企业，到2015年，泸州老窖将建成大片绿色有机高粱基地，拉开了打造中国第一款奢侈有机白酒的华丽序幕。

2.

酒道薪火相传

有人说，沈才洪是个文人，也有人说，沈才洪身上有股侠气。

文人也好，侠客也罢，都与酒有不解之缘。

《射雕英雄传》中，东邪西毒南帝北丐华山论剑，比的是武学造诣、内外修为。

作为中国白酒界的领军人物之一，沈才洪与茅台、五粮液、洋河等高层经常煮酒论英雄，谈的是自己对酿酒的感悟，对市场的预判，对这个行业未来的种种设计。

“中国白酒会迎来一轮涨价周期。”沈才洪一语惊四座。

后来的事实证明了这一点。

但他们谈得最多的，还是中国酿酒行业怎样才能后继有人的问题。

换句话说，就是怎样为泸州老窖培养第二个、第三个张良、沈才洪的问题。

沈才洪一直在观察、发掘，希望能培养出一批文化传播的酒天使、文化技艺传承的酒博士、文化研究整理的酒道师。

20世纪70年代，勾兑作为一门技术被正式提出，并广泛运用于生产实践，如果说勾兑基酒是“画龙”，那么，调味则是“点睛”；即使只有万分之一的不同，也能分辨出品味的高下。造就品味的基因差异，只有万分之一。

沈才洪把勾调大师称作“酒天使”。

以曾娜等七人为代表的勾调大师以这万分之一的敏锐度，去发掘每一种酒不同的个性，或者似春天般洋溢着活力，浅尝间有清新雅致的回甘；或者如夏日最热烈的一道阳光，甘洌爽口尽显阳刚之美；又或者是秋日的丰盛，绵甜而悠长；也可能是凛冽冬日里细腻醇厚的一壶老酒……以浑然天成的勾调精法缔造世界独一无二的酒中珍品。

在发扬酿酒技艺的同时，沈才洪非常注意酒文化的传承，在他看来，酒文化作为中华民族传统文化的一个重要组成部分，在很大程度上可以在世界上代表中华文化。“要让世界人民在宴会、在聚餐的时候，都喝中国白酒”，这是沈才洪认定的中国成为世界强国的标志之一。

由此看来，沈才洪成就一身高超的劝酒功夫也就不奇怪了。

泸州老窖拥有非常丰富的酒文化资源：几千年的酿酒史、传承数百年的酿酒技艺、持续酿酒430多年的国宝窖池、天然洞藏……这些丰厚的遗产让泸州老窖具备了深厚的文化底蕴，却长时间得不到挖掘。

不能让老祖宗的这些珍贵遗产在我们手上流失！沈才洪一度很着急。

他向公司高层汇报，并召集了程华子、杨辰、许德富、卢中明等一大批公司的精英骨干，商讨如何保护这些历史文化遗产。

必须申报“非物质文化遗产”！

2005年，首批国家级非物质文化遗产开始申报，从准备文字材料、录像、上报国家文化部，到最终评审，沈才洪全程参与。

2006年，结果下来了，泸州老窖酒酿制技艺与茅台、汾酒一同入选首批“国家级非物质文化遗产名录”！

2007年6月，泸州老窖酒传统酿制技艺第十九代传人赖高淮、第二十二代传人沈才洪被国家文化部批准为首批“国家级非物质文化遗产代表性传承人”，白酒行业仅此两人。同年，泸州老窖酒传统酿制技艺第二十二代传承人张良被四川省文化厅命名为四川省首批“非物质文化遗产”代表性传承人。

2008年9月，泸州老窖、茅台、汾酒作为国家首批“非遗”项目，联合以“中国蒸馏酒传统酿制技艺”的项目申报世界非物质文化遗产，被国家文化部提名推荐到联合国教科文组织。

2008年，首届“国窖1573封藏大典”顺利举行，这是一次传承中华文明、弘扬中国白酒文化、展示中国白酒传统酿造技艺，并见证中国白酒首款超高端个性化定制酒——国窖1573定制酒原酒封藏及年度全球首发的酒业盛会。此后，每年二月二龙抬头之日，泸州老窖都会举办这一大典。

这又是以谢明、张良、沈才洪为代表的公司高层为传承泸州老窖酒文化而推出的一大手笔，如今已经成为中国白酒业的一道亮丽风景。

3.

红与白的较量

2007年，中国糖酒会在重庆举办。近15万国内外商客齐聚山城共享国内最顶级的美酒佳酿。大家在共商中国酒业的未来发展之路的同时，也在为抵御国外的一场酒精风暴——“洋酒来袭”共商对抗大计。

洋酒风潮犹如夏季海平面袭地而起的一股暖湿气流，它从宝蓝色的海面上升起，裹挟着它最引以为傲的浪漫、风尚，别具风情的异域元素穿过太平洋，到达我们这个有着几千年白酒历史的华夏民族。

洋酒就是裹着洋装的西洋女子，以它的不可抗拒的异域风情以迅雷不及掩耳之势迅速渗透中国酒类市场的土壤，占领了白酒生存的必备空间。

她是艳丽的，她的颜色深红或是橙黄，她的外表新奇、晃眼。洋酒以她绝对不同于我们中国白酒的包装在酒品架上脱颖而出，以她五彩缤纷的颜色，包裹着绮丽的梦幻在中国的各大商场、酒店、KTV等场所妖娆现身，并且牢牢地攫住消费者的视线。

沈才洪对这个现象很是心忧。他仍是如以往一样，在酒品架前面装做是顾客，暗中观察消费者的购买意向。

大多数超市是这样摆放酒品的：一面是国产白酒，一面是以红酒为代表的洋酒。

中国的白酒多是包装正统、大气，瓶体也就是那样几种，无非是底面大，瓶口小，最多在瓶塞上做些文章，配以开瓶的钥匙。包装是趋于正红色或是金黄色或是深蓝色，打开包装后是清一色的透明液体，爱白酒的人看了自然是喜欢的。

那么，洋酒呢？它有着纤长的瓶体，有着绚丽的液体，包装纸上的英文字母看起来就很“high”，年轻人就喜欢这样的感觉。它所标榜的是西方的浪漫和时尚，自然是中国的白酒所不能比拟的。

就这样，洋酒生生地进入中国的酒类市场，以不容分说的姿态。

迄今为止，我国的白酒消费受到洋酒的猛烈冲击。全球经济一体化、文化多元化对中国的影响的深度和广度，都远远超出了国人尤其是中国白酒人的想象。

在中国酿酒网上，沈才洪曾发表了一篇名为《浅析中国白酒的现状与发展趋势》文章。文章中，他预见：今后在“十二五”期间就会出现白酒业的翻天覆地的大重组、大洗牌。

全国大大小小的白酒厂家有20000余家，而获得生产许可证的只有可怜的8000余家。怎样让20个中的12个生存，这是一个值得思考的问题，也引发了一种白酒业的趋势：很多小的生产厂家要依附于大的生产商。

白酒业未来几年出现大的变化比之中国股市的震荡有过之而无不及，白酒将出现香型间的融合，并购、兼并不可避免。同啤酒的大融合一样，此次也印证了一种效应——马太效应，强者愈强，而弱者将愈弱，直至消失不见。而这种强者愈强的支点却只是，也只能是品牌、技术、人才、网络、质量。这也就意味着酒业竞争的重点开始转移：随着散酒大流通，地域概念将被破坏得荡然无存。如同上帝一般的消费者将会越来越重视品牌，因为他们将会认为，品牌就是质量的保证，品牌是告诉实力和信誉的外化。而整个质量控制体系彻底将会比较弱化……

后来的市场形式应验了他所说的发展趋势：中国白酒开始与洋酒合作，走专业化生产与营销、专业化的制曲发展、区域强势品牌的不断涌现和强强合作，而弱者则被兼并和收购，甚者干脆消失不见……

尽管在当下，中国的啤酒产量虽然稳坐全世界第一把交椅，然而利税贡献却远不及白酒、黄酒和红酒。而白酒不仅是中国农耕文化的精髓，传承中华文明的流动的载体，也是最可能成为走出国门，走向世界的一张酒品之中的王牌。中国白酒无论从文化形式、社会价值还是经济效益上都是最适合、也是最有力道与洋酒抗衡的中国标志。

对于中国白酒与洋酒的红白之争，沈才洪开出了处方：让专业的人干专业的事，从制曲、酿酒、到营销，培养一支专业化的队伍。

沈才洪的观点是：用专业的人去干专业的事，去创造专业的财富。所以，我们要加大人才引进、培养力度，把经营人才实施到位，就是创造财富。整个公司目前的基础条件非常优秀，但是因为干专业的事的人才总量不足，导致创造的专业性财富严重不足，使得我们在竞争层次上更多地着眼于刺刀见红。

沈才洪说："如果我们拥有一支专业、强大的制曲队伍、酿酒队伍、营销队伍、创意策划队伍，那么我们中国白酒的企业在实施很多战略的时候就会有很丰富的战术、技术手段和人才资源，把这个丰富的人才资源整合起来，在全行业内加以优化组合和利用，中国白酒就会迸发出几倍甚至是几十倍几百倍的能量，到那个时候，我们不仅能够在国内市场上跟洋酒抗衡，就是到了国际市场，我们也具备了跟他们一决高下的条件。"

2008年，泸州老窖没有遗憾，由包括沈才洪在内的公司高层组织策划的"中国第一款奢侈高端定制酒——泸州老窖国窖1573定制酒"于2008年3月23日，在昌盛的曲酒文明源头迈出了打造中国白酒奢侈品品牌的第一步，极是鼓舞人心地掀开了与洋酒抗衡的帷幕。

唯有穿越天地岁月的苛刻甄选，方能踏上与稀有品位相逢的漫长旅程。国窖1573定制酒遵循了极为苛刻和严密的程序——只精选来自有机高粱基地的糯红高粱，只投放于酿造400余年从未间断的国宝窖池群，专属洞藏区域的划分，国家级七位酿酒大师的合力倾情打造。这种一对一的定制模式的所有生产环节均由沈才洪参与严格把关、严格管理。

沈才洪除了在酒的质量本身以及定位、包装等环节悉心打造之外，还率领团队研究创新饮酒方式，最终证实国窖1573绝对适合冰饮，这一突破，在中国白酒和国外消费者横亘的心理高墙上，打开了一道缺口。

国窖1573身上担负着与洋酒良性竞争的伟大民族使命，而看国窖1573定制酒优雅走出国宝窖池群的高姿态，我们的信心也大增。这样一钵吸取了天地精华、熔铸了最尖端科技、于最珍稀的窖池里发酵成长的珍贵液体，她有足够的能力和实力去打这样一场关乎民族胜利大业的圣战！

在这场中国白酒的最经典代表主打的“圣战”中，沈才洪就是那位身披黄金盔甲，立于战车之上，运筹帷幄决胜千里的黄金统帅。

4.

十年树己，再树他人

十年树木，百年树人。沈才洪铸造自己也是用了不下于十五年的时间，他用这十五年的时间，将自己推上了一个巅峰。在这个巅峰之上，他并没有故步自封，而是始终在不断学习和前进。

在这个过程中，他吸收着几千年来中国酿酒艺术的精华，沉淀着自己在工作中的种种感悟，同时，也在悉心观察和培育着年轻的一代酿酒人，希望把自己的积累通过他们传承下去。

“很久之后才知道：人生最美的不是梦幻将来，亦不在把握现在，而是在回首沉淀‘过去’的时间长河中，自己能时时体味的那份最珍贵最沉重的回忆。”他有写日记的习惯，通读他的日记，你会读到一个人所有成长中的喜乐伤悲以及他的思想的进步和现实中他的作为与否。

沈才洪在日记中写下了上面的那段话，那么，那份“最珍贵最沉重的回忆”是什么呢？是他在基层艰苦锻炼的十年时光，是他在做生产调度员时的劳累无比，还是在无数月明星稀的深夜他一个人在酿酒的道路上踽踽独行的孤独和沉重？也许是前者，也许是后者，或许三者都是。

回首中，他深深感谢那段看起来艰辛异常的时光，正是它们，沈才洪才脱胎换骨，在事业的道路上摇身变为坚毅的钢铁战士。

他记得在他年少时给他指路的启蒙老师郑老师，他感激大学时将他带进酒道大门的薛老，薛老的指引是那么的神奇，将他的一生都在一瞬间点化。在很多美好的夜晚，他想起以前就更加地明了，作为一名引路人对后来者的重要性。

受益于恩师的沈才洪，将这种师承关系更是做到极致，他明白：现在自己的一举一动，已经不是当年在村头的土坡上指挥“帮扶大军”的孩子王那般的影响了，他的有关白酒行业的任何举措，在泸州老窖乃至在中国白酒界都是举足轻重的。

想起当年作为第一批进入泸州老窖企业的大学生，在老窖里不被重视的待遇，虽然如今泸州老窖已经形成尊重人才、尊重知识的浓厚氛围，年轻人不会再像当年的他那样备受冷落，可沈才洪还是希望大学生们在工作之初少走弯路，尽快地将自己和工作岗位融为一体，尽量地减少人生中不必要的浪费。

于是作为泸州老窖副总经理的沈才洪，开始丝毫不吝惜地将自己生平所学，如生产技艺、白酒勾兑技巧等向公司员工、实验班学生、四川理工学院的学弟学妹们以及企业的新进大学生们倾囊相授。

2009年毕业于电子科技大学生物医学工程专业的邓博士，与沈才洪一起工作仅仅两年，在他眼里，沈才洪是一个有“大哥风范”的人。

“我到公司大半年后，得知沈老师也很喜欢看武侠小说。作为一个资深的武侠迷，我觉得沈老师平时的作风能够体现这一点。至少我觉得，待学生热诚，和博士后、研究生的工作之余接触中都以兄弟相称，不拘小节，或者说他比较四海，能够很好地拉近师生间的距离。”邓博士说。

邓博士回忆：有一次晚餐，沈才洪问起邓博士个人问题，当得知他还是单身时，就要求同席的市科技局领导为其介绍对象，这位领导马上掏出手机联系，邓博士当时十分感激。

邓博士说：“沈总不仅品酒、调酒功夫了得，劝酒也是一流。”四川大学博士王松涛也说，沈总是一个很风趣的人，在餐桌上总会调动气氛，让一桌子人喝得热火朝天、文化氛围颇浓。

一次参加宴请，席间沈才洪带着这位博士向在座的专家、领导敬酒，七八杯下来，邓博士酒量不支，渐露醉色。沈才洪马上说：“兄弟，你根据实际情况喝就行了，不必斟得太满，表达对专家的敬意即可。”

生活中相处来比较随意、大气的沈才洪，在工作中却是另一副面孔。

王松涛博士回忆：第一次面见沈总是在博士后进站面试答辩。我完成我的个人介绍和项目计划后。沈总直接指出了我项目计划的问题。并且给出了自己的见解和项目建议，以及项目如果要执行需要配备的人手，当时我的感觉是：沈总是一个实在的做技术的人，条理十分清晰。

申报国家科技进步奖的准备过程中，沈才洪对专家答辩要使用的PPT进行审稿，对公司科技投入与产出的相关数据进行了更正，告诉邓博士和同事今后申报工作中相关数据需要及时更新。在录制答辩PPT录音时，沈才洪普通话不好，尽管已经由其他同事录制了一个版本，但他仍然严谨地录制了一遍，让大家对两个版本进行评价选择。

“一次，我所在部门一个项目因为种种关系推进迟滞，他在会上发了火，那种神情是我从来没有见过的。”邓博士说。

和当年给工人师傅们讲解酒分子的情形大体一样：沈才洪被众星拱月般地团团围坐在中间，大家围在旁边，你一句我一句地发问，讲到高潮处大家或是抚掌欢呼或是沉思回味，被他的极富专业知识和实践经验的讲话所深深吸引。

现在的沈才洪是忙碌的，身为企业副总经理的他在百忙之中，不仅要对国窖1573、泸州老窖特曲等产品的内在品质把关，还要向尝评员传授勾调知识。在他的带领下，张宿义、卢中明、周军、林天学、曾娜、刘世龙、宋艳等七位国家级白酒评委成为泸州老窖技术的中坚力量；在他的带领下，许德富、倪斌等生产科研工作者成长起来，成为白酒行业的科研先锋……

2007年正值泸州的酒业发展年，沈才洪以其突出的贡献当选泸州酒业协会会长、泸州工商联合会会长。他肩负的便不再是一个企业的发展，命运令他站在了带领泸州近千家酒厂发展的最前沿。每到周末，是其他人闲适放松的时候，也就是沈才洪更为忙碌的日子，他的足迹遍布泸州四县三区，对其它的酒厂进行生产管理咨询及技术指导……

正因为如此，他本来已经非常密集的日程安排就更满了。有人问他："您累吗？"沈才洪笑笑，说："从选择这份职业开始，我已经不在乎什么是苦和累了。"

5.

大师的忧虑

人无远虑，必有近忧。

进入21世纪第二个10年，泸州老窖的步伐依然矫健，但是沈才洪并没有停止思考，一个一个的忧虑向他袭来：

在这新的十年当中，作为浓香鼻祖、酒中泰斗的泸州老窖又将面临哪些挑战？又将获得哪些机遇？在行业的格局中将占据何等席位？能否顺利实现世界酒业巨子的伟大梦想？

压力与机遇同在。

近年来，中国白酒的竞争愈发激烈。目前，泸州老窖面临的形势也空前严峻：虽然在中国白酒界，泸州老窖与茅台、五粮液并称"茅五泸"，但是平心而论，泸州老窖与茅台、五粮液还有一定的差距。

标兵在前，茅台、五粮液继续保持高基数增长；后起之秀洋河、郎酒来势凶猛，各树一帜；追兵在后，古井贡、剑南春、汾酒纷纷发力，狼烟四起。2011年，许多竞争者将泸州老窖作为最大的竞争对手，甚至书写进其未来五年或十年的发展纲领性文献中。

到2015年，茅台酒厂规划将达到4万吨的量；未来五年，五粮液提出了“一元为主，多元发展”战略布局，再看一看后起之秀洋河与郎酒，自洋河成功收购双沟后，2010年洋河股份的销售额为75.44亿元，且放言要保持高速增长；郎酒提出在未来十年的“123工程”即2012年实现郎酒销售收入100亿元，2015年实现销售收入200亿元，2020年实现销售收入300亿元。为何洋河与郎酒敢如此放言？从洋河与郎酒近几年的发展来看，其成功不仅仅是其广告传播的成功，更重要的是其市场操作模式的灵活，反应迅速，真正地实现了前端市场“狼性化”运作。

前门有虎，后门有狼，这就是泸州老窖目前面临的竞争态势。

泸州老窖顶住压力，在2010年实现营业收入同比增长22.89%；公司规划2013年实现销售收入130亿的目标。

再造一个黄金十年！这是泸州老窖国窖人提出的口号，也是公司高层提出的战略目标。

沈才洪认为：要实现这一目标，泸州老窖需要一套健身操，需要从头到脚做起，做到健脑、壮腰、强脚。

健脑，针对的是领导层，要求在面对顺势和逆境的时候，公司高层要保持清醒的头脑，顺势时，防止被捧杀。逆境的时候，要看到机会。不要惊慌失措。

于是，泸州老窖蓝海战略适时提出，在从“终端盘中盘”向“消费者盘中盘”转型，抓住四川省委、省政府提出“建设千亿白酒产业，打造中国白酒金三角”的战略机遇期，依托前十年打造有机白酒的良好基础，借助泸州老窖深厚的文化底蕴增加企业和产品的文化附加值，凭借强大的科技创新力量占领行业制高点……

这是公司高层基于现实提出的战略抉择。

壮腰，针对的是公司的中层，他们是公司的中坚，是骨干。公司的所有战略意图需要他们去执行，公司的决策部署需要他们去完成，公司的员工需要他们去带动。

沈才洪希望公司上下，特别是中层管理人员，一定要有紧迫感。一方面，自己怎么提高自己的技能、知识、经验、能力，成为更好的人才，这是很重要的问题。他提出一定要加强人才的培养，要大胆使用年轻人。

“趁现在我们都还年富力强，公司的状况还比较好，我们一定要关心20多岁的青年人的成长。这是泸州老窖的未来，因此一定要在自己加快进步的同时，真心诚意地培养年轻人，给年轻人提供机会。”沈才洪说。

强脚，就是打好基础，打好员工这个基础，拥有一大批高素质、高忠诚度的员工，是一个企业强大的根本。

对此，沈才洪提出，要在整个员工构成中，要更加突显人才的作用。人才是我们公司发展的第一资源，所以人才是保障。这两年，我们不断加大招聘引进的力度，必须更加紧迫地加强年轻人的培养，这种培养必须是严格要求、完整规划下的、有计划的成长。

采访完毕后，脑海中闪过的是两帧照片：一帧是初入泸州老窖的沈才洪在工艺研究室里工作的照片，一袭白色制服裹身，这个时候的他周身散发着一种兢兢业业的光芒，不必多说什么，接下来的时间里，沈才洪仍将在他的岗位上一路风生水起地走下去。

沿着沈才洪在泸州老窖的道路，另一帧照片出现在眼前：有着厚重质感的转椅上，合身的西装，晶亮的镜片后是看得深远的眼睛，额上些许的褶皱告诉我们他习惯深入思考，权衡很多东西，那些东西关乎老窖的现在，关乎老窖的未来。

一入酒道身不返的沈才洪，凭着天生的平衡感能把理想和现实，形而上和形而下结合得恰到好处。他爱泸州老窖，他爱酒道，他把这种爱诠释为是一种“大爱”。在这份“爱”里，他如鱼得水，游走得酣畅淋漓。

既是不知归，也就不必归去。五柳先生“好读书，不求甚解，每有会意，便欣然忘食”。沈才洪其人在酒道里甚是左右逢源，因为有缘，所以悟酒道也悟得甚是精彩。

庄子说：“吾生也有涯，而知也无涯。以有涯随无涯，殆已。”这不失为一种“局部的真理”。酒道本无涯，而在一定的程度上有所建树，也是值得大大钦佩的。

酒道无涯，大师沈才洪身在其中，他将会一直探索下去。